我与厦大经济学科的故事

主　编◎黄鸿德　周颖刚

副主编◎周　蕾

厦门大学经济学科*新百年*
暨经济学院成立40周年

ECONOMICS
1921 — 1982-2022

厦门大学出版社
XIAMEN UNIVERSITY PRESS

国家一级出版社
全国百佳图书出版单位

1921—1982-2022

My Story with the Economic Discipline of Xiamen University

图书在版编目（CIP）数据

我与厦大经济学科的故事 / 黄鸿德，周颖刚主编；
周蕾副主编. -- 厦门：厦门大学出版社，2022.12
　　ISBN 978-7-5615-8848-2

　　Ⅰ. ①我… Ⅱ. ①黄… ②周… ③周… Ⅲ. ①厦门大
学－经济学－学院－校友－回忆录 Ⅳ. ①G649.285.73

中国版本图书馆CIP数据核字(2022)第215037号

出 版 人　郑文礼
责任编辑　潘　瑛　陈丽贞
装帧设计　加路传媒
技术编辑　朱　楷

出版发行　厦门大学出版社
社　　址　厦门市软件园二期望海路 39 号
邮政编码　361008
总　　机　0592-2181111　0592-2181406(传真)
营销中心　0592-2184458　0592-2181365
网　　址　http://www.xmupress.com
邮　　箱　xmup@xmupress.com
印　　刷　厦门集大印刷有限公司

开本　720 mm×1 000 mm　1/16
印张　18
插页　2
字数　250 千字
版次　2022 年 12 月第 1 版
印次　2022 年 12 月第 1 次印刷
定价　98.00 元

本书如有印装质量问题请直接寄承印厂调换

厦门大学出版社
微信二维码

厦门大学出版社
微博二维码

《我与厦大经济学院的故事》编委会

主　编：黄鸿德　周颖刚

副主编：周　蕾

编　委：王　华　刘长青　张　浩　徐惠聪

　　　　黄燕钦　蔡庆淞　潘小佳

序

四秩芳华绘新卷，百年砥砺守初心。1921年厦门大学建校伊始，设师范、商学两部，厦门大学经济学科应运而生。1937年，日本侵略中国，战火纷飞，为了给全校师生提供一个相对安全的学习环境，厦门大学内迁福建长汀，在山城中艰苦办学。1946年，著名经济学家、教育家王亚南教授出任厦门大学法学院院长兼经济系主任，开创了以马克思主义经济学为基础、站在中国人立场研究中国经济问题的具有鲜明特色的"中国经济学"厦大学派。1982年5月24日，厦门大学经济学院举行成立大会，这是中国大陆重点综合性大学建立的第一所经济学院。如今，厦门大学经济学科已形成由经济学院、王亚南经济研究院、邹至庄经济研究院三个教学科研单位为主体的"三位一体"发展新格局，成为厦门大学最重要的优势学科与支柱学科之一，也是中国乃至亚太地区的经济学教育与科研重镇。

进入21世纪以来，在全体师生员工、院友和社会各界人士的大力支持下，厦门大学经济学科欣欣向荣，硕果累累。自教育部启动一流本科专业建设"双万计划"以来，厦门大学经济学科共有经济学、金融学、财政学、统计学、国际经济与贸易、经济统计学、金融工程、税收学、国际商务9个国家级一流本科专业建设点获批。2017年，厦门大学经济学科的统计学入选国家"双一流"建设学科名单，应用经济学、统计学两个一级学科获评教育部第四轮学科评估 A 类学科。2019年11月，基本科学指标数据库（简称 ESI）数据显示，厦门大学经济学与商学进入ESI 全球前1%，这对厦门大学经济学科建设世界一流学科的目标具有里程碑的意义。

百年来，厦门大学经济学院初心不渝、矢志不移，坚持以马克思主义经济学为基础，始终站在中国人立场研究中国经济，同时坚持用国际语言讲述中国故事，为构建具有中国特色的经济学理论体系贡献力量。

厦门大学经济学院坚持育人为先，不断创新教学管理体系，从细处着眼，从小处着手，着力推进经济学教育高质量发展。厦门大学经济学科人才培养以"塑造适应全球化要求，具备中国特色、力争世界一流的经济学人才"为目标，学院培养了一大批杰出的学科带头人和优秀毕业生。他们散作满天繁星，成长为政界、学界、业界的中流砥柱或领军人物，劈波斩浪，砥砺奋进，为实现中华民族伟大复兴的"中国梦"而不懈奋斗。

沧海桑田，岁月如歌。在南强求学的时光里，广大院友心中一定有许多难忘的回忆、感想需要梳理，有许多宝贵的经历、经验想要分享。无论是求学趣事、师友佳话、同窗情谊，还是心得体会、成长感悟，这些影像拼接在一起，就是一部生动的学科发展史。院友们用文字记录下的那些年、那些事，还有那些课堂上循循善诱的老师，那些把酒言欢的哥们，那些无话不说的闺蜜，让我们记住了岁月每一朵翻腾的浪花，一起见证了美丽的风景。照片上的人物有可能依稀莫辨，但每一帧画面都是一个故事，每一段往事都历历在目，弥足珍贵。

江湖不远，笔墨相逢。2022年是厦门大学经济学科新百年启航之年暨经济学院成立40周年，经济学科特启动《我与厦大经济学科的故事》一书征稿活动，向厦门大学经济学科全体师生员工、历届海内外院友、离退休老同志以及所有关心厦门大学经济学科发展的社会各界人士征集文稿，在众多文稿中选取了40篇文章集结成书，谨以本书献礼经济学院成立40周年，绘往日奋进之图卷，开来时辉煌之前景，并与所有关心、关爱厦门大学经济学科发展的同仁共勉！

黄鸿德　周颖刚
2022年12月

目
CONTENTS
录

四十载勇登攀　　新百年再出发

——厦门大学经济学科新百年暨经济学院成立40周年

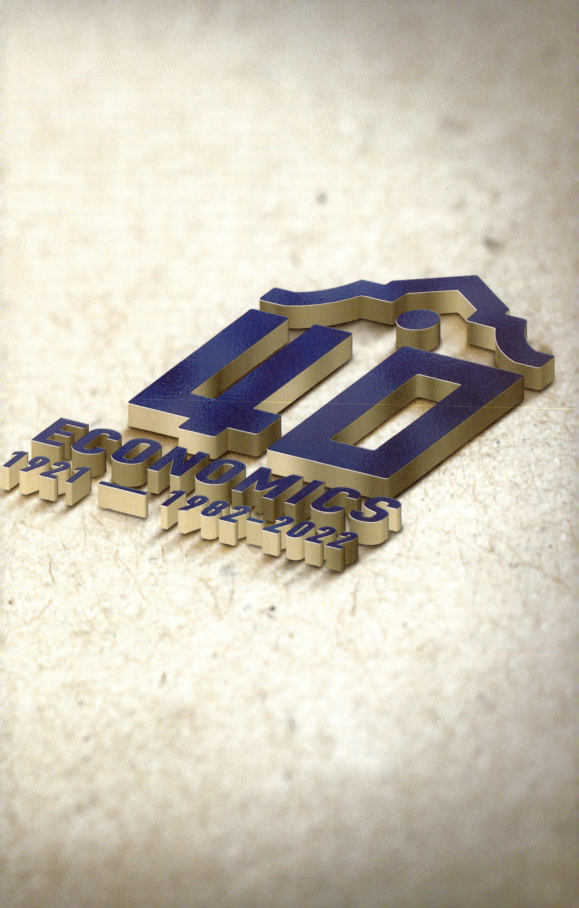

ECONOMICS

1921 — 1982-2022

经济系的老师让我真正认识了厦大

◎ 朱崇实

男，厦门大学原经济系政治经济学专业 1977 级本科生，经济学系 1982 级硕士研究生。厦门大学法学院经济法教授。2003 年 5 月—2017 年 7 月任厦门大学校长。

1977年12月，我和中国千千万万青年人一样，得益于小平同志的拨乱反正，怀着激动、兴奋、充满憧憬而又忐忑不安的心情走进考场，参加了十年"文革"之后的第一次高考。经过两天紧张的考试，我自我感觉良好，自信分数应该也可以。1977年的高考是成绩出来之前就要填报志愿的，当时我第一志愿填报了厦门大学经济系，第二志愿填报了复旦大学经济系，第三志愿填报了北京大学经济系；而在"是否服从调剂"一栏，我填写了"否"。之所以敢如此"大胆"，一是感觉自己几科都考得还可以，分数应该不低；二是当时传言1978年的高考将在7月开始，即使这次没有被录取也没有关系，大不了过几个月再考罢了；三是因为当时我已经插队"上调"，有了铁饭碗，就算考不上也没有太大关系。大概过了几周，上录取线的考生名单公布了，张贴在县政府附近的一堵墙上，据说有我的名字。下班后过去一看，自己的名字果然在红榜上。然而我对能不能被填报的大学录取却是一点没底。等待录取通知书的那段时间很是煎熬，又过了几周，才终于等到了厦门大学寄来的录取通知书，我被录取到厦门大学经济系政治经济学专业，真是大喜过望。

春节过后，就到了开学报到的日子。从建阳乘汽车到南平，从南平换火车到厦门，一到厦门站，我就看到厦大迎接新生的牌子，顿感亲切。我乘坐的这列火车到厦大的新生很多，一下火车大家就成群结队地坐上开往厦大的校车。当校车从大南校门开进校园的那一瞬间，我心底情不自禁地涌起一股难以名状的喜悦：啊！我是厦大人了！

然而，进入厦大不久，最初的激动和兴奋很快就被眼前"残酷"的现实给抹平了。当时厦大跟全国一样刚刚经历了十年的动乱，满目疮痍，百废待兴。就像有一年一位校友在校庆大会上发言时所回忆的那样："一进校园看到的是老牛拉着粪车在校园中漫步，校园中央是一大片农田，整个空气弥漫着一股浑浊的气味"。经济系学生宿舍在芙蓉二，宿舍前面是一大片东边社生产队的菜地，后面是东边社农民破旧的小村庄，每天凌晨鸡鸣狗叫，跟我当年插队的农村没有太多的不同；最令人沮丧的是校园严重缺水，自来水时有时无，说断就断，洗衣服洗到一半断水还没什么，最难堪的是洗澡洗到一半刚抹了肥皂，突然没水，那真是谁都会生气；开水要到离宿舍几百米外的开水房打取，打开水就像是打仗，要挤要抢，同学们经常为打开水而争吵，甚至发生冲突。记得当时图书馆总馆设在建南楼群最东侧的成智楼，大楼年久失修，走上去感觉摇摇晃晃，好像随时都会垮塌；教室的座位也十分紧张，晚自习经常找不到座位，只好怏怏然走一圈又回宿舍……总之，当年厦大学习及生活的条件之差远远超出了我的想象。所以，刚到厦大的第一个月，面对这样的学习与生活条件，心中充满了失望、失落，真后悔自己报考了厦大！要知道，凭当年的成绩，我报考其他的学校也是能够被录取的。

但是，这样的失望、失落和后悔，随着与经济系老师们日益增多的接触，很快就消失了。当年1977级的学生多是经历了多年失学之苦再进学校的，深感学习机会来之不易，对学习都是如饥似渴。厦大也非常重视这一批学生的教育和培养。当时经济系为给1977级学生开课，做了最精心的安排或准备，主讲的老师选的都是最好的老师，被选上的老师也都是尽自己最大努力上好课。所以，当时我们的感觉确实是每门课的老师讲得都非常好，虽然风格不同，口音有异，各门课程内容差别也很大，有的偏理论，有的偏实务，有的偏历史，有的偏现实，但每一位授课老师给我们的感觉都是功底深厚，思维严谨，备课认真，一丝不苟。老师们讲课基本没有照本宣科的，课堂上老师和学生经常互动，老师会提出问题要学生回答，学生听课有疑问时也会当堂举手，课堂气氛非常好；还有的老师上课连讲义都不带，两节课侃侃而谈，教学内容全部印在脑子里，令人赞叹。我那时几乎每门课、每节课都听得津津有味，课后还时常与同学们就课堂上的内容展开讨论或辩论。

时间过得很快，开学两个月后就进入了期中考。期中考复习加考试

有整整一周的时间，由于当年条件所限，同学们多数都在宿舍复习备考，因此，各个任课老师都会安排时间一个宿舍一个宿舍地走访，询问同学们有什么疑难之处，老师给予答疑。如果同学们没有什么问题要问，老师就自己搬一张小凳子坐在走廊上静静地看书，等待同学们来提问。现在回想起来，那个场景实在是令人感动。看到老师一个人孤零零地坐在那里，我们有些同学"于心不忍"，明明没有什么问题好问，还故意找出一两个问题去问老师，以解老师独坐的孤独之感。

40多年过去了，当年老师们到宿舍答疑，坐在走廊上静静等待同学们来询问的场景至今我还历历在目，当年的老师如今已有多位驾鹤西去，但他们的音容笑貌仍印在我的脑海中，永远不会磨灭。

经济系的老师让我真正认识了厦大。一个学期后，虽然厦大的学习与生活条件并没有改善，仍然简陋、艰苦：每天凌晨仍被东边社的鸡鸣狗叫吵醒，自来水还是时有时无，食堂的饭菜还是老三样，打开水还是要争要抢，上图书馆的二楼还是摇摇晃晃、令人战战兢兢，教室自习的座位还是不够，空气中还不时弥漫着浑浊的气味，老牛还是拉着粪车慢悠悠地在校园中游走……但是，我的心情已完全不同，失望、失落和后悔的情绪已经消退，而作为厦大学生的自豪感、使命感从心底油然而生。

厦大非常重视学生的专业学习，也十分重视思想政治的教育。在我看来，这些都体现在经济系老师对学生的教育和关爱上。我觉得当时思政教育最生动的教材就是老师们不时会自然而然说起的厦大故事：从校主陈嘉庚抱着"教育救国"的家国情怀倾资办学说起，到私立时期林文庆校长主政十六年奠定厦大世界一流大学的根基；到萨本栋校长临危受命，抗战八年，坚守长汀，艰苦办学，使厦大初显南方之强风采；到抗战胜利至新中国成立，汪德耀校长主政厦大，汪校长的故事令人印象最深的是有勇有谋，使得厦大没有被搬去台湾；再到1950年中央任命王亚南为新中国成立后的厦大第一任校长，他为厦大殚精竭虑，直到1969年去世……

1977级经济系政治经济学专业本科毕业生全班合影（作者供图）

那时学生与老师的交往远远不限于教室、校园，同学们经常结伴到老师家串门。在老师家里，大家无话不谈，专业的、非专业的；现实的、历史的；经济的、政治的；中国的、外国的……大家经常谈得高兴，争得面红耳赤，互不相让。那时老师们的住宿条件都很差，多数只有两间房间，而且房间还都是多功能——既是卧室，也是书房，还是客厅和餐厅。所以我们有时到老师家人多，椅子不够，几个同学就直接坐在床上，师生们开怀畅谈，亲如一家。

一所学校能有这样的氛围，师生之间的关系如此融洽，学生是无法不爱这所学校的。虽然在现实中学生与学校常有矛盾，学生们也有很多的不满和抱怨，例如当年经济系学生就曾因为食堂伙食太差而发动"罢吃"运动，封锁了食堂，拒绝吃饭，给学校造成很大压力，以至于学校不得不下大力气改善食堂伙食。但是，这一切都改变不了学生对厦大的爱。为什么？因为厦大的很多老师都跟经济系的老师一样，从骨子里爱学生。有这样的老师，学生怎么会不爱学校呢？厦大经济系的老师教我如何理解和认识经济学，也让我真正认识并爱上了厦大。

经济学科是厦大最早成立也是最好的学科之一，今年是厦大经济学科新百年的第一年、经济学院成立40周年。衷心祝愿厦大经济学科在新的百年更加辉煌！祝愿厦大经济学院永葆青春，为党育人，为国育才，为中华民族伟大复兴作出更大的贡献！

实事求是的科学精神

厦大留给我的宝贵财富

◎ 王瑞芳

男，厦门大学原经济系政治经济学专业 1977 级本科生，经济学系 1982 级硕士研究生。现任厦门大学嘉庚学院院长，厦门大学马来西亚分校校长。

1977年，刚刚复出的邓小平同志主持召开科学和教育工作座谈会，作出了当年恢复高考的决定。同年10月，国务院正式宣布恢复高考。那时的我，在一年多前结束了中学生活，正在福建建瓯的一个农村插队，和大多数青年一样，对未来充满了迷茫。恢复高考的消息令我振奋，在经过不到两个月的匆忙准备后，我走入了彻底改变我人生轨迹的高考考场。

长期深入的农村劳作生活让我对农村经济产生了极大的兴趣，于是我决定报考厦门大学政治经济学专业。当时我对学校排名没有任何概念，竟将北京大学放到了第三志愿，现在想来十分有趣。无论如何，我从此便与厦大结下了不解之缘。

恢复高考，求知若渴的第一批大学生

1978年初，我以恢复高考后第一届大学生的身份进入厦大经济系政治经济学专业学习。当时班上的同学年龄差距很大，有的刚刚中学毕业，有的已经结婚生子，我们班最大年龄差达到了15岁。

恢复高考是时代的拐点。当时中国刚从十年"文革"的动乱中走出，迎来新生，到处生机勃勃。怀着"把被'四人帮'耽误的时间抢回来"的信念，大家的学习热情之高，令人感叹。在这样高涨的学习氛围带动下，我也更加努力地学习。作为恢复高考后的第一届大学生，受到真理标准问题大讨论的影响和鼓舞，我们的思想非常活跃。同学们经常针对各种问题展开激烈的辩论，争论到面红耳赤是常事。那时越南号称自己是"第三军事强国"，我因尤爱辩论，人送外号"第三军事强国"。现在想来，那真是一段激情满怀的青春岁月。

1982年大学毕业，班上大部分同学都按照国家的毕业分配走向了全国各地。而我却因为对做研究很感兴趣，选择了报考研究生，继续在厦大学习。1982年，我刚读研不久，学校在建南大礼堂举行了经济学院成立大会。我印象中整个活动搞得十分隆重，经济学院的成立让我们倍感自豪。

黄金岁月，爱生如子的经院老师

我在厦大求学的七年里，印象最深的，就是爱生如子的经济系老师们。老师们对学生十分疼惜，花费大量时间研究如何教学，希望尽可能将毕生所学传授给学生。那时我住在芙蓉二，老师经常主动到宿舍来答疑，他们会搬一把小凳子，坐在走廊里，同学有问题就可以随时去问。这样的场景在今天回想起来还是令人动容。

不得不提的是我人生中的两位恩师。一位是罗郁聪老师，他是我本科论文的指导老师。罗郁聪老师致力于马克思主义研究，特别是对恩格斯的《反杜林论》有着非常深入的研究。我在高年级时有幸听过他的课，讲得非常好。罗老师爱与青年人交流，我在校期间常跟他探讨学术问题。罗老师的启发和帮助，激发了我对科研的兴趣；当年我的本科毕业论文得以发表，也跟他的悉心指导分不开。1980年代后期，我出国访学，罗老师让我帮他搜集国外关于国有企业管理和如何实现国有资产全民所有的学术资料，并写信与我探讨。在他身上，我看到了老一代学者对马克思主义与中国改革开放实际相结合的深入探索，也体会到了老一代人对青年人的关爱与期待。

另一位是黄志贤老师，他是我的硕士导师。黄老师有三位开门弟子，我就是其中之一。黄老师研究西方经济学说史，是较早接触和介绍西方经济学的教师之一。他的思想非常活跃、包容，既能够站在马克思主义立场思考学术问题，又能够以一种开放包容的态度看待西方的各种经济学流派，并把这些内容整理成讲稿传授给我们。他为人正直，追求正义，是一位坚持实事求是的老共产党员。当时，一部分人在不了解西方经济学的情况下，用一些概念化的说法来笼统地批判西方经济学，认为西方经济学统统都是被马克思主义经典作家批判过的学说，属于庸俗经济学。但黄老师告诉我们，不能这么简单地看问题，批判的前提是了解，西方经济学的学说也在随着时代变化而发展，不能一棒子打死。

黄老师对于我们研究生的培养非常用心，给我们创造了许多机会去接触外界的学术资源。我还记得自己第一次坐飞机，就是黄老师带着我们去南昌参加一个大型的全国性学术会议。除了参加各种会议，我们还获得了交通、住宿经费的支持，可以去各个高校拜访以搜集毕业论文资料。我就曾先后走访了北京大学、复旦大学和中山大学。每去一个学校，黄老师都会拜托对方学校的老师帮我指导答疑。在搜集资料的同时，我通过这些走访也开阔了眼界。最终，我不但顺利毕业，而且硕士论文还被收入了当时的全国优秀硕士毕业论文集。

1978年底，邓小平发表了《解放思想，实事求是，团结一致向前看》的重要讲话。这个重要讲话和随之开始的改革开放所带来的社会和校园氛围锻造了我们这一代人。"解放思想，实事求是"的时代精神和身为恢复高考后第一届大学生的时代使命感和责任感，对我的人生有着深远的影响。而经济学院老师爱生如子的行为，也极大地影响了我随后几十年的教学和教育管理工作。他们发自内心地关爱学生，希望经济学子能够学有所成、学有所用，为社会、为国家建设发挥积极的作用。这些老师经历了十年"文革"，对于新中国成立后经济建设的一些得失有着自己的观察和思考，绝大部分老师思想都很活跃。在这些大思考、大争论的过程中，老师和学生之间形成了一种亦师亦友的关系，这对我们这一代人的成长影响深远。

执教办学，实事求是的科学精神

硕士毕业后我在经济学院执教了四年。虽然一开始我对做研究更感兴趣，但是能留在厦大的好环境中像我的老师们一样教书育人也令我感到很自豪。尽管我年轻时喜欢言谈、辩论，但第一次站上讲台依然会觉得特别激动、紧张。

1986年10月，作为厦大青年教师代表，我被学院派到广东去支持汕头大学的建设。当时的汕头比较落后，很多学生来自潮汕客家山区，汕头大学给他们提供了学习深造的机会，学生们都倍加珍惜，非常努力。当时我只教了他们两个半月的时间，但在1988年将要出国之际，我在上海偶遇了一位汕大的学生，他不仅记得我，还向我表达了感激，令我

王瑞芳于厦门大学马来西亚分校（作者供图）

十分意外和惊喜。这种教师特有的成就感和满足感是很难从其他职业获得的。

1988年，我获得公派去英国访学的机会，一年后又转为公派自助在英国攻读博士学位，依靠海外研究奖学金和担任助教继续求学。1994年博士毕业后，我到新加坡南洋理工大学任教。

2003年，朱崇实校长甫一上任就力邀我回厦大参与嘉庚学院的创办工作。经过慎重考虑，我最终接受了这一新的挑战。很多人感到疑惑，为什么我要放弃在海外的良好发展前景和比较高的待遇，回国回校，从零开始"拓荒"。我却认为，对于成长在改革开放之后的我们来说，时代改变了我们的命运，为祖国建设作贡献的爱国情怀一直是激荡在我们这代人心中的理想，能做这样一件有利于教育、有利于母校的事，能赶上美好的创业时代，是一件幸事。青年时代，我们经历过艰难的时期，却也获得了难得的机会，得以对这个世界有更多的了解。尤其对于留学在外看到国内外教育差异的我来说，一旦有这个机会，就责无旁贷。我深信，厦大人也早已浸染在嘉庚先生的爱国情怀和勇担社会责任的精神中，敢于担当是厦大人应有的气质。

2003年起我开始担任厦门大学嘉庚学院首任院长，又从2013年开始介入、参与厦门大学马来西亚分校的筹建工作，并担任首任校长。厦门大学嘉庚学院和厦门大学马来西亚分校都是厦门大学的重要事业，是弘扬和传承嘉庚精神的重要载体。这两所学校都是自筹经费办学，没有财政划拨，很多工作都是从零开始，要进行可行性分析。在多年的办学、管理工作中，我认为最重要的就是实事求是的科学精神，这也是厦大给予我的一份无形资产和宝贵财富。在经济学中学到的研究方法和实事求是的科研精神，对我的管理思考和决策提供了很好的帮助。

在厦大经济学科开启新百年、经济学院建院40周年院庆之际，愿经济学院继续凝心聚力，锐意进取，为新时代作出新的贡献！

我和我的经院

◎ 叶文振

男，厦门大学原经济系计划统计专业 1977 级本科生。曾任福建江夏学院党委常委、副校长。享受国务院政府特殊津贴的专家。

与母校同龄的经济学科，在与母校共庆百年华诞之后，正勇毅奋进在新的百年征程上。在这个光荣的历程中，于1982年5月24日从老经济系升级成立的厦门大学经济学院，到今年已经整整40年了。作为改革开放恢复高考后入学的第一届经济系学生，我恰好在那一年毕业，又有幸留在母校任教，成为刚成立的经济学院的年轻教师中的一员。回望过往，作为一个拥有44年"南强经济人"光荣称号的"老前辈"，我不禁触景生情，不由得打开电脑，敲起键盘，抒发起自己满满的念想来。

一、三叉街区的巧遇

当年，恢复高考的消息我还是在上山下乡的福州市闽侯县五虎山茶林里知道的，善良的山后大队党支部不仅批准我们报考，还特意让知青们回家复习迎考。于是，1977年10月21日到12月10日这段考前复习的日子便显得既短暂又紧张。记得1977年12月11日高考的第一天，在外工作的父亲没有从外地回来，从来不做家务事的母亲居然起了个大早，给我煮了一碗福州传统的太平面。她静静地看着我吃完，又送我出门，虽没有一句叮咛，但我知道，母亲对儿子的祝福与期盼统统都煮在那一碗面里了。

托母亲的福，我高考成绩上线了，并顺利进入政审和填报志愿阶段。当时我填报了三个志愿，分别是福建师范大学中文系、北京广播学院编采系和厦门大学经济系，实际上我一门心思想去福建师大的中文系。不会坐车的母亲忍着晕车的难受陪着我找了许多关系，但都不能确保能够进入中文系。当我们一筹莫展地来到福州市区三叉街公交站等着坐车回家的时候，非常奇妙地遇到了母亲同事在省教育厅工作的女婿，他笑着说："在给儿子跑高考吧。"母亲说："是啊，儿子就想去师大中文系，可是看来希望不大。我们还报考了北京广播学院、厦门大学。"他笑着说："高考录取主要还是看成绩的，厦门大学也不错。"后来我果然被厦门大学录取了，入读经济系的计划统计专业，和我母亲做的会计工作只一字之差。

如今我特别感谢当年厦门大学经济系录取了我，在那里，我开启了求学、教学、最后还变成院友的美好人生。那些我一辈子都难以忘怀的关于母校、母院和母系的故事，都收录在由母校出版社出版的《自然、性别与文明——一个女性学男学者的体验与思考》《我和我的母校》这两本随笔集中。

二、求学计统的青春

1978年春，我怀揣录取通知书，拎着爷爷留下来的旧藤箱，跳上票价7.4元的福厦长途汽车，经过好几个小时的颠簸，只身来到厦门大学，住进芙蓉二2楼的218宿舍。因为紧靠中厅，房间很狭长，同宿舍一共住了10个同学。1977级计划统计专业全班有55个同学，女同学18个，占比约1/3。从年龄结构来看，最大的同学是1947年出生的，来的时候不仅结婚了，而且还生了孩子；最小的出生于1960年，年龄极差为13岁。而出生于1955年的我，略高于班级的年龄中位数。

后来我们陆续见到了比老大岁数还小的班主任徐兰芳老师、闽南腔比较重的辅导员陈正国老师，还有系主任袁镇岳、系党总支书记郭志发、系团总支书记黄定基，以及给我们授课的包括钱伯海、黄良文、罗季龙、吴玑端教授在内的许多领导和老师，专业学习、班级活动、同学关系、师生关系、担任学生干部、知之甚少的校园恋情，似乎都带有经济系的学科特点，尤其是计划统计的专业标识。

我们218宿舍的几位兄弟在了解了一双皮鞋的市面价格之后，经过几个月的节衣缩食，一起买下了各自平生的第一双皮鞋。记得那天中午，大家穿着新皮鞋，特别兴奋，结伴从一个宿舍走到另一个宿舍，希望能和同学们分享喜悦，没想到我们并没有引起其他宿舍同学的注意，最后实在憋不住了，自己喊了出来："我们买皮鞋了！"

在和计划统计专业结缘后，我并没有放下对文学写作的兴趣，在校期间为母校广播电台和报纸投了好多稿子，其中最有分量的是占了校报半个版面的人物速写《我的好班长》。让我特别有自豪感的是边走在去晚自习教室的路上，边听着广播电台播送自己写的稿子。也可能是这样的喜欢和实践，我后来当上了经济系报道组组长和系团总支宣传委员。事实上，对写作的喜欢和文笔的修炼还让我明白了为什么经济学院原院长胡培兆教授总能够把经济理论的文章写得那么有文采和好读。

可能是因为来自农村，在情感方面还比较懵懂，当时的我对班上心仪的女同学只是暗暗地单恋着。有两个晚上这名女同学和我在同一个教室晚自修，而且还坐在我的后桌，我胆子一下子大起来，就请女同学到教室外面的梧桐树下，把自己对她的喜欢直截了当地表达了出来。没想到她很平静，只说了一句："我家在江苏，毕业后是要回家乡的。"现在想来真的很不好意思，原来是我的统计估计出现偏差了。没想到，正是这个以失败告终的校园爱情，促使我后来居然把恋爱婚姻作为自己一个长期研究的领域，应用经济学的理论和方法写出的一篇文章《中国婚姻问题的经济学思考》还获得第二届中国人口科学优秀成果一等奖。

到我毕业时，国家还实行高校毕业生包分配的制度，我了解到自己可能会被分配到北京大学经济系任教。没想到结果又是一个意外，我没有被外派北京，而是和班上另外三名男同学（他们分别是计统系的林擎国教授、教育部宏观经济研究中心的李文溥教授、中国人民银行福州中心支行原行长吴国培博士）一起留校任教，他们都留在计统系当助教，我被分配到刚成立不久的人口研究所工作。在校读本科时，我喜欢再生产理论，毕业论文的选题也和它有关；另外，我还对人口统计学感兴趣，有幸得到教授人口统计学的吴玑端老师的栽培。看来多学科多领域的专业学习和积累是可以拓宽毕业时的就业领域的。毕业时，看着同学们一个个离去，走上各自的工作岗位，再回到空荡荡的宿舍，我似乎感到一种"孤军作战"的压力。

三、经院执教的岁月

因为人口研究所初建时人员比较少，我的党团活动都是放在经济研究所进行的。在两个研究所领导和老师的提携和关心下，我先前"孤军作战"的压力渐渐消解，科研工作和个人生活也都在往前迈进。1983年3月，我在《中国经济问题》第2期刊发了题为《以农村为重点进一步控制我国人口增长》的论文，这是我在学术刊物上正式发表的第一篇文章，同年还被中国人民大学复印报刊资料《劳动经济与人口》第4期全文转载；1983年5月1日我光荣地加入了中国共产党，陈蕙华老师是我的入党介绍人；1983年10月1日我走进婚姻殿堂。感谢黄志贤老师让我把人口研究所存放资料的库室当作新婚后的临时住处；1985年10月1日，我接受联合国人口活动基金的资助前往美国犹他大学攻读社会学硕士。

又是没有想到，到美国学习以后，我不仅拿到了社会学硕士，还接着攻读了社会学博士，再接着去普林斯顿大学做社会学博士后研究。待我学成回国再回到学校时，已经到了1994年年初。在学校和学院领导的关心下，特别是在时任师资处处长朱崇实教授和经济学院钱伯海教授的支持和帮助下，我很快就适应了国内高校的生活和工作方式，尤其是实现了科研范式和思维方式的转化，并借助在国外多学科学习的优势，让自己进入了教学和科研发展的快车道：回国当年即被评为副教授，1998年晋升为教授，2001年选聘为博士生导师；至今申请获得国家社科基金、教育部社科规划项目等科研课题资助20多项，公开发表中英文学术文章200多篇，出版专著、合著和编著教材21部，其中19项科研成果获得省部级奖励；培养了50多名人口、资源与环境经济学和女性社会学方向的硕士和博士；出面组建厦门大学福建女性发展研究中心并担任主任，开设"21世纪妇女发展论坛"，并发展成为全国妇联妇女／性别研究与培训基地；还先后担任厦门大学人口研究所副所长、所长，公共事务学院副院长。

在这段时间里，让我难忘的还有三件事：

第一件事是1982年留校后的第一个中秋节，人口研究所的创所所长黄志贤教授把他指导的第一个硕士研究生王瑞芳和我叫到家里，参加博饼家庭聚会，一起欢度中秋佳节。黄老师家虽不大，却一片茶香饼香、欢声笑语，窗外还可以看到从海平面慢慢升起的一轮明月。我们在享受黄老师和师母厚爱的同时，也记住了厦门特有的中秋博饼的地域文化习俗，以至后来每逢中秋节，我就特别想念厦门，想念黄老师家里的中秋月饼和掷骰瓷碗！

第二件事是我回国后，人口研究所归并到经济学院的经济系，我因而成了经济系的一名教师，进入规模更大的一个集体。当时经济系率先给各位在职老师每人配置一台电脑。还记得当电脑到货需要集中组装试运行时，我们几名年轻教师被安排夜里到系里来，在办公桌上打铺盖值班，以确保电脑的安全。那时以保障学院财产安全的意识和行动把我们自己都感动了。

第三件事是2001年，为了给学校80周年校庆献礼，学校动员在校师生捐建嘉庚广场，在系领导的鼓励下，我捐了5218元，居然成了全校捐款数量最多的教师，自己的芳名也被刻在芙蓉湖畔的嘉庚广场捐赠纪念石头上。现在返校时，每每经过那里，我都会停歇一会儿，让自己的思绪再回到20年前的经济系神游一番。

四、身为院友的光荣

非常感谢母校和母院的厚爱和信任，2005年3月，我带着母院的嘱托和期待，被提拔到位于福州的福建金融职业技术学院担任党委副书记和院长，2007年又在四所高校合并中转任福建江夏学院党委常委和副校长。在这期间，我没有忘记校主陈嘉庚先生的爱国精神、王亚南校长的科学精神和我们经济学院的优良传统，在高校行政领导工作、学科研究和发展、服务地方建设和投身校友事业等方面，我尽可能彼此兼顾，作出应有的贡献。

在担任校长职务的时候，我努力让师生感受到爱和被爱，以及爱所传递出来的温暖和力量。来福州后的第一届毕业典礼，我一改过去的做法，穿上正式的校长服给毕业生发放毕业证书，并和每一名毕业生都拍了一张合影照。记得那天我一共拍了800多张照片，全身都湿透了。然而，我告诉毕业生："你们把最珍贵的几年青春给了学校，作为校长的我难道不应该在你们毕业远行的时候给每一位同学几分钟的时间吗？"我还请来我们经院金融系的老师在福建金融学院举办研究生班，把大多数年轻教师的学历都提升到硕士学位，为未来职业发展奠定更加扎实的学科基础。

在行政之余，我还努力集中有限的精力和时间，从事一生都热爱的婚姻家庭与女性发展研究事业，先后被聘为集美大学、福建医科大学、中共福建省委党校妇女研究中心顾问，连续两届担任福建省妇女理论研究会会长，2007年被评为享受国务院政府特殊津贴专家，2015年开始连续两届担任中国妇女研究会副会长，今年一年就已经在《中国妇女报》的《新女学周刊》和《家庭周刊》上发表了13篇文章。我还把这些研究成果转化为政策服务，如担任福建省和福州市妇女发展和儿童发展两个纲要编制课题组的专家顾问、福建省人口发展规划的专家组组长、《福建省家庭教育促进法》1万场宣讲活动的首场报告人，甚至走进小学做题为《做一个孩子喜欢的班主任》的讲座等。

更让我引为自豪的是，到福州以后我有了厦门大学校友和厦门大学经济学院院友的光荣身份。2015年福州校友会换届的时候，我接过新一届会长的接力棒。在过去7年的时间里，我组织过福州校友承办的以"情系南强、花开四海"为主题的2016年校庆文艺晚会，这是母校建校95年以来第一次由校友出面承办、上台演出的校庆文艺晚会，得到母校领导、各地校友和在校师生的广泛赞誉；从2019年开始，我继续带领福州校友组织百人校友合唱团在母校百年华诞专场文艺晚会上把广大福州校友心中的歌《你好，厦大》唱响在上弦场上，带头捐建厦门大学校友馆，推出作为母校百年华诞出版系列之一的《我和我的母校》一书，还在《福州日报》上以一整个版面的篇幅发表《情系南方之强、花开福厦之滨——记厦门大学和福州市的校地情缘》一文，向母校百年华诞献礼；今年伊始，我们更是把福州的校友工作与母院的40年院庆和院友事业发展结合起来，先是顺利地成立了福州校友会证券投资分会和银行保险分会，接着又和学院领导多次交流沟通，以便聚集更多的在榕院友资源，更好地服务于母院各项事业的发展。

五、心存感恩的祝福

我在《我和我的母校》一书中说过，没有当年厦门大学录取我，就没有我的今天。更具体地说，没有厦门大学经济学院培养我，就没有我的今天。所以，我要把40多年来积淀在心中的崇高敬意和诚挚谢意献给伟大的母校厦门大学，献给亲爱的母院经济学院！

感谢经济学院，特别是计统系、经济系、人口研究所和经济研究所的领导、老师、同事和学生们，你们在我在经济学院求学和任教期间所给予的爱与被爱、教学相长、合作共进，将成为我一辈子都会珍惜且受益无限的精神财富，当年能成为经济学院的一分子，并演绎出这样的厦大经济人的精彩人生，是我一生的荣幸！

心存感恩的我们将以"一度求学，一生报答"的深沉情怀，通过更好更快的个人职业发展和院友事业进步，来增强我们服务母院发展的意识和能力，拓宽服务母院的领域，提高服务母院的效率。当年我们能以入读厦门大学经济学院为骄傲，希望一直奋斗到今天的我们也能给经济学院带来荣耀！

在这里，我还要把有福之州的最美好祝福献给经济学院的所有师生和校友，献给经济学院的四秩华诞，献给经济学院的美好未来！

亲爱的厦门大学经济学院，我们永远爱您！

感恩母校，报效祖国

◎ 吴国培

男，厦门大学原经济系计划统计专业 1977 级本科生。曾任中国人民银行参事、福建省政府经济顾问，享受国务院政府特殊津贴的专家。

我与厦大的结缘，始于1977年的高考。那个特殊年代，峰回路转的一场考试，就像春天里充满生机的一场雨，将"自强不息、止于至善"的种子浇灌进了我心里，并滋养了我的成长。早年的求学生涯中，我深受厦大校训的熏陶；投身金融改革与管理事业后，我依旧不忘校训，不忘报效祖国。"自强不息、止于至善"的校训是我数十年如一日持续学习、努力工作的不竭动力。

求索成才在厦大

1977年恢复高考，对那一代青年人来说，是时空隧道里出现的一道亮光，重新点燃了我们求知的欲望。我顺利通过考试选拔考入厦门大学，就读厦门大学经济系计统专业，成为恢复高考后的第一批大学生。从一个在农村上山下乡的知青成为大学生，我深知机会来之不易，勤学苦读，刻苦钻研，求知若渴。回想起来，入学后，校训"自强不息、止于至善"给我留下了深刻的印象，它鼓舞着我们厦大学子努力学习，努力攀登科学高峰。

完成四年本科学业后，我留校任教，历任助教、讲师和副教授，并继续攻读数量经济学硕士和经济学博士学位，转眼在厦大就是十余年。十多年的时光见证了我的努力与成长，见证着我从青涩走向成熟。光阴的故事里，青春恍如昨日。回忆这段时光，我想用三个"忘不了"来形容。

忘不了母校的辛勤栽培。新中国成立后，在王亚南校长的带领下，经济系老师们治学严谨，勇攀高峰。我所在的经济系，在当时已享有盛誉，厦门大学经济学科已是国内顶尖水平的知名学科。在厦大，我们学到了科学、精深的专业知识，树立了正确的世界观、人生观和价值观。这对我们有着深远的影响，坚定了我们为祖国、为人民努力工作的坚强信念。

忘不了母校的优良学风。同学们在老师们的引领下，都有着一样的信念，那就是奋发图强、成才报国。我们白天抢座位上课，晚上挑灯夜战，周末大多在图书馆阅览室度过。我们在学习中面临的最大挑战是英语和数学。我和同学们每天5点多起床背单词，早饭后马上就到教室抢位子，接着继续到教室外背单词；每天晚上都要反复对微积分、线性代数和概率论统计等课程的内容进行推导和计算，甚至熄灯了也要借助手电筒继续把它们弄懂。母校的优良校风融入我的骨髓，成为我学习、工作中的行事准则。

忘不了师长的谆谆教诲。系里的老师们不仅学术水平高，在教书育人上，更是兢兢业业。印象最深的，是当时已成为国内著名统计学和经济学大家的黄良文先生。他不慕名利、诲人不倦，用他睿智的思想、渊博的知识为我们开启了认识世界的大门，是我们学业上的引路人。我们时常登门请教，他都十分热情地接待，毫无保留地答疑解惑。师长们"低调做人、勤奋做事"的作风、严谨的治学精神、严格的自我要求和正确的人生追求深深地影响着我们，为我们指明了前进的方向。

求学期间的吴国培（作者供图）

厚积薄发在央行

　　1990—1991年，经母校推荐与国家选拔，我作为高级访问学者赴鹿特丹大学访学，回国后被选调前往中国人民银行工作。20世纪90年代初的中国，金融业迎来了改革开放的大潮。金融机构大量增加，金融市场品种日渐丰富，交易更加活跃。进入中国人民银行后，"自强不息、止于至善"的校训精神依然鞭策着我不断砥砺前行、精益求精。工作后不久，我就被任命为调查统计处处长，主要负责收集、汇总和分析各项经济金融运行数据，以供货币政策决策参考。尽管当时金融业已经有了很大的发展，但金融统计基础很薄弱，许多重要统计指标缺失，尤其是用于分析研究我国经济宏观调控和货币政策的货币供应量和物价指数体系指标很不完善，甚至空缺，而这些指标对分析研究宏观经济调控和货币政策有着至关重要的作用。因此，中国人民银行将此作为当时亟须研究

吴国培同到访的美联储专家、诺贝尔经济学奖获得者（作者供图）

和解决的重要课题。作为这一课题的主要参与者，我参与了我国最早的货币供应量和生产者物价指数等宏观经济指标的研究设计工作，填补了我国宏观数据指标的空白。当时，我们国家的金融统计还没有货币供应量指标。但这一个指标对我们进行宏观调控、做好货币政策的实施至关重要。物价指标也是中央银行货币政策的重要参考之一。那时，我国只有消费品零售物价指数，缺乏生产方的物价，亟须完善以全面反映经济运行情况。我在中国人民银行总行领导的直接领导下，与几个同事一起研究、设计这些指标。虽然现在相关指标也随着经济社会发展的需要进行了必要的调整，但指标的基本框架仍沿用当年的框架。

改革创新在福建

回到福建工作后，我继续从事我国金融改革开放和创新事业，主推我省改革开放和金融创新事业。从那时起，我主持或主要参与了多项全省、全国重要的金融业改革开放和创新发展工作。

福建"八山一水一分田"，林地资源丰富，是我国森林覆盖率最高的省份。但长期以来，守着大片林业资源的广大林农却并不富裕，甚至十分拮据。为了促进我省林业发展，支持林农致富，降低以林业为主的广大农村地区的贫困发生率，我主要参与开展了我省的林业金融创新工作。福建省的林权改革是全国最早开始的，全省的林业金融创新应该也是全国最早的。林业金融的创新，从想法到现实，从概念变为一套完善的制度化设计，我们在其中花费了大量时间精力。森林抵押贷款产品如何设计、林业资产如何变现、贷款风险如何控制是主要难点。面对这些难点以及相关政策制度缺失的瓶颈，我们与省里的林业部门合作，逐一梳理解决其中的症结。从林权登记到推动林权流转，从银行放款到森林保险，从抵押担保到畅通资产处置渠道，我们做了大量研究和制度完善。以林权抵押贷款为代表的林业金融创新的出现，盘活了相关资产，有关地区经济增速显著提高，林农脱贫致富的速度明显加快，广大农民的家庭收入有了很大提高。林业金融创新取得重大成功，受到农民的普遍欢迎，得到国家和省领导的充分肯定，有关做法和经验被推荐向全国推广。

福建与台湾隔海相望，在对台交往工作中拥有着"五缘"优势，因此推进对台金融交流合作，是福建金融改革开放的需要，也是金融业本身发展的需要，更是祖国统一大业的需要。我带领团队积极争取、努力工作，率先在全国引进了第一家台资银行，第一家台资证券公司、保险公司、基金公司，设立第一只海峡产业基金等，促成了两岸金融业交流和合作。这是两岸交流合作方面又一个新的突破。追溯过往，尽管当时大势所趋、优势明显，但在实际推动交流合作的过程中存在着诸多困难。例如，在创办第一家台资合资银行时，我们就遇到了很大的挑战。经过前期的积极沟通磋商，台湾某银行与厦门某商业银行达成了合作意向，并进入具体实施阶段。但当时由于各方面原因，合作出现了重大障碍。为了力促这个合作交流项目的实现，我们在沟通协调和组织实施上花费了巨大的心力，各方协力运作，进行了一系列的沟通协调以及设计策划。最终商定，由台湾的银行借道其在香港的分行，由该分行完成出资合作以绕开有关障碍。

设立自贸试验区，是我国全面深化改革与开放的重要步骤。在我国开展自贸试验区工作之际，我担任了福建自贸区建设领导小组成员、金融工作组组长。我们的团队夜以继日、通宵达旦地工作着，认真学习国内外自贸区理论和经验，深入开展各项调查研究，主持拟定福建自贸试验区总体方案中金融部分的相关内容，提出金融业准入、跨境人民币业务、外汇业务、对台金融和金融监管等五大方面35项具体创新举措与政策建议，并积极组织银行、证券、保险、基金等金融机构和金融监管部门加以实施。经过两年的努力，其中绝大多数试验项目顺利完成，在引进外资、支持企业"走出去"、便利对外贸易等方面取得了重要成果，形成了许多向全国复制推广的成功做法和经验。2015年4月，李克强总理来闽检查调研自贸试验区工作情况时，对福建自贸试验区金融改革开放与创新工作所付出的努力与取得的成果给予充分肯定。

欣慰的是，林业金融创新、泉州金融改革试点、农村金融改革、自贸试验区金融、"新海丝路"金融和普惠金融等，都形成了金融改革开放与创新的福建做法、福建经验。我们福建省人民银行系统连续多年被中国人民银行总行评为先进单位。"自强不息、止于至善"，对于我来说不仅是母校的校训，更是鞭策我栉风沐雨、砥砺前行的源源动力。在遇到困难和瓶颈时，是那刻入脑海、融入心灵的厦大人文情怀让我坚定信心、不畏艰难，坚持不断开拓前进，止于至善。

毕业多年，我对母校、对老师心存感恩，也始终认为是厦大文化的精髓和人文情怀滋养了自己，使我终身受用。2019年退休之后，我继续发挥"余热"，到农村和企业开展调研活动。2020年新冠肺炎疫情期间，我也非常关注疫情发展与社会经济的恢复，提了不少意见和建议，有幸得到国家和福建省相关部门的重视。"自强不息、止于至善"的厦大精神已成为我的一种信念，将永远激励我前行。

谁言寸草心
报得三春晖

◎ 吴世农

男，厦门大学原经济系计划统计
专业 1978 级本科生，曾任厦门
大学副校长，现任厦门大学南强
特聘教授。

一、厦门大学：嘉庚精神，铭记在心

1978年的夏天，我接到厦门大学的录取通知书，打开后看到"经济系计划统计专业"，心中又喜又惊。喜的是，我终于可以结束上山下乡的生活，离开农场，去那向往已久的大学读书；惊的是，学习计划统计，与我期待的历史学专业相差有点远。母亲得知这一好消息，只是不停地笑，喜悦挂在她的脸上；父亲得知这一好消息，从乡下赶回来，并带来一大片猪排，为儿子加油。父亲说："厦门大学好！想起来了，我读高中时的语文老师苏成辉先生，就是毕业于厦门大学中文系，一位可亲可爱的语文老师！"从入学至今，从学生到教师，一晃四十四年。我迈进了厦门大学的校园，厦门大学走进了我的心中，成为我生命中无法割舍的爱！

1978年夏末，一辆辆卡车从汽车站、火车站将我们这些来自祖国各地的新生载入厦门大学。我们经济系入住芙蓉二，楼前是一大片菜地，校内有许多农田，一眼望去一派田园风光。五老峰下的厦大校园，群楼隐映在郁郁葱葱的树林中——红砖绿瓦的芙蓉楼、白石红瓦的群贤楼、雄伟壮观的建南楼群……每当我走在厦门大学的校园，望着毛主席为陈嘉庚先生的题词"华侨旗帜，民族光辉"，就会肃然起敬。

五湖四海的同学聚在一起，自然聊起厦门大学的校主陈嘉庚先生，然而都是碎片式的。大二暑假期间，我和同学相约，专程去了一趟集美参观集美学村，瞻仰陈嘉庚先生的陵园。"文革"中，陵园部分建筑被破坏，当时正在修缮之中。看到陵园中精美的小石雕，古今中华人物跃然于一幅幅石雕之间，刹那间就感受到文明古国悠久的历史与灿烂文化，感受到陈嘉庚先生"爱我中华"的赤子之心！可惜的是，许多精美石雕中人物的头却不见了，不禁感慨万分！尽管如此，碧波万顷之中的陈嘉庚陵园，依然是气势雄伟，先生永远活在人民心中！

直到1981年厦门大学举行六十周年校庆，随着时代的发展和历史的解密，我才更加系统地了解陈嘉庚先生有关教育救国和抗日救亡的故事——"宁可卖掉大厦，也要支持厦大"，"国家大患一日不除，国民大责一日不卸"，才更加深刻体会了厦门大学的校训"自强不息、止于至善"，才更加深刻理解厦门大学的校歌——"自强，自强，学海何洋洋，谁欤操匙发其藏？鹭江深且长，致吾知于无央。吁嗟乎！南方之强！自强，自强，人生何茫茫，谁欤普渡驾慈航？鹭江深且长，致吾爱于无疆。吁嗟乎！南方之强！"校主、校训、校歌，植入每个厦大人的基因。因为陈嘉庚，厦门大学成为所有厦大人的精神家园。无论厦大校友身处何处，心中永远都珍藏着母校——厦门大学！

二、厦大经济学院：专业齐全，群贤毕至

来到经济系，去计划统计专业报到，成为"计统78"的一员。当时的经济系设有5个专业：政治经济学、计划统计、会计、财政金融、对外贸易。1979年又增设了企业管理专业，1981年，财政金融分为财政、金融两个专业。在国内大学中，与其他综合性大学的经济系仅有经济学或政治经济学专业不同，厦门大学的经济系既有综合性大学的经济学专业，又有财经院校的会计、统计、财政、金融、国贸等专业，可谓专业齐全。

当年没有教材，所有的教材是讲义，讲义是油印本，是老师们用钢板一个字、一个字地刻写在蜡纸上，然后送到印刷厂油印装订成册。当我拿到第一本油印的讲义，特别是看到那密密麻麻的统计学公式和数学符号时，深感大学老师的厉害，这是一帮不平凡的人。我们经济系的老师特别"牛"，让我印象深刻的是李秉澴老师讲授"政治经济学"，颜金锐、陈仁恩、林嗣明等老师讲授"统计学原理"，罗季荣先生讲授"再生产理论"，黄沂木、吴玑端先生讲授"工业统计学"，余大刚先生讲授"数

理统计"，钱伯海先生和杨缅昆、曾五一老师讲授"国民经济核算"，还有讲授"农业统计学"的伍元耿老师，讲授"商业统计学"的钟其生老师，讲授"运筹学"的高鸿桢老师，讲授"企业管理"的饶元煦、郑沛伦、黄金辉老师，讲授"会计学"的蔡淑娥老师，讲授"ARGO60"的孟林明老师……从资本主义经济到社会主义经济，从经济理论到研究方法，从国民经济核算原理到宏观经济指标设计，从经济现象到内在原因，从书本知识到实践应用……这些课程抽丝剥茧，诲人不倦，深受同学们的喜爱。

我们计划统计专业1978级的任课老师、后来的系主任黄沂木先生，当年还亲自带队，组织领导我们班去福州拖拉机厂等实习，与我们同吃同住，讲解工业统计的指标体系，与同学们结下深厚的情谊。同学们亲切地称呼黄教授为"黄工统"。我的本科论文导师高鸿桢老师、博士论文导师黄良文先生为我指点迷津，批改我的论文，师恩难忘！此外，当年在《香港经济导报》任职的原厦门大学经济系教授陈可焜先生经常来厦大开设讲座，讲授"亚洲五小龙、五小虎"的经济发展奇迹。他的讲座不仅信息量大，而且十分生动，常常一座难求。这些课程和讲座让我们大开眼界。

80年代初期的厦门大学经济系，已呈现群贤毕至之势，在国内大学中颇具影响力。我经常听到老师们讲起王亚南先生的故事。据说早年很多经济系的学生、王亚南先生的弟子，对《资本论》研究相当深入，《资本论》都能倒背如流，让我们这些后生望尘莫及，钦佩无比。20世纪50年代由于院系调整，厦门大学经济学和商学流失了不少人才，但正是王亚南老校长高瞻远瞩，励精图治，培养了一批批研究生。在他的带领下，厦门大学的"财经学科"涌现出一批在全国极具影响力的杰出专家教授：葛家澍、余绪缨、钱伯海、邓子基、黄良文、吴宣恭、胡培兆、张亦春……十年树木，百年树人。

许多老师告诉我，早年厦门大学的《中国经济问题》在中国经济学界具有极其重要的学术地位，号称"国内有两本权威的经济类学术刊物北有《经济研究》，南有《中国经济问题》"。在厦门大学进行"211工程"建设规划时，我与经济学院第四任老院长胡培兆先生共同承担经济管理学科的建设规划，按照先生的说法，厦门大学经济管理学科独树一帜，在经济学、统计学、会计学、财政学、金融学等学科领域，独具特色，影响巨大，是"南方学派"的典型代表。

回首往事，当年经济学院的那些老师讲课时那才思敏捷的风采，那经天纬地的雄辩，那济世安邦的韬略，令人敬仰并终身难忘！师恩浩荡，所有任课老师为1977级、1978级、1979级和后来的学生播下的知识种子，乃无价之宝！

1982年，正是我本科毕业留校任教之年，厦门大学在原经济系的基础上，成立了经济学院。经济学院大楼正在紧锣密鼓的建设之中，厦门大学的经济学科，迎来了历史新机遇，跨入了发展的新时代。

三、厦大管理学院：源自经院，一脉相承

1996年校庆，厦门大学决定在经济学院的企业管理学系和中－加MBA教育中心两个单位的基础上，正式成立工商管理学院，并任命我担任学院院长。可见，1996年成立的厦门大学工商管理学院的两个组建单位都来自经济学院：一是企业管理学系，二是中－加MBA教育中心。

厦门大学的工商管理学科历史悠久，最早可以追溯到1921年建校之初创办的商学院。50年代全国院系调整后，厦门大学

经院学子组织迎新活动，宣传牌上写着：经济学院中－加班（作者供图）

的工商管理相关专业如会计、银行管理、企业管理等并入经济系，形成独具特色的"财经学科"。

1978年我进入厦门大学经济系的计划统计专业学习时，企业管理隶属计划统计专业，是计划统计专业之下的一个教研室。1979年，在厦门大学经济系计划统计专业企业管理教研室的基础上，恢复企业管理专业，并于翌年招收本科生。1982年，厦门大学在全国高校中率先成立经济学院，企业管理专业与会计专业合并，组建成立"会计与企业管理系"。1985年，企业管理专业独自建立"企业管理学系"。

改革开放后，国家十分重视企业管理和企业管理教育。早年中国有三大中外合作项目涉及企业管理或工商管理教育：第一，"中－美大连项目"，即1980年在中国大连工学院（大连理工大学的前身）成立的"中美合办工业科技管理培训中心"，并从我国企业管理人员中选拔一批年轻骨干到中心学习现代管理知识，于1984年与美国布法罗纽约州立大学在大连和美国联合培养MBA（工商管理硕士）研究生。第二，"中－加管理教育项目"（CCMEP），即1982年中国八大高校与加拿大八大高校合作，自1983年起每年从中国高校中选拔一批青年教师赴加拿大高校留学，攻读MBA学位。1986年起在厦门大学和南开大学成立"中－加MBA教育中心"联合培养MBA，1988年在人民大学成立"中－加联合培养博士研究生中心"和在厦门大学联合成立"中－加联合培养博士研究生项目"，该项目后来延伸到中加双方32所高校（16+16）的合作。第三，"中－欧项目"，即始于1984年在北京成立的中欧中心，后迁至上海于1994年成立的中欧国际工商管理学院。

从后来我国高校管理学院发展的态势来看，中－加合作项目立足高校先行培养师资，然后再联合培养MBA，因此影响最大，受益面也最广。当年，厦门大学是"中－加管理教育项目"中方的首批8所高校之一，厦大经济学院这一项目的领导是吴宣恭、葛家澍、邓子基先生等；加方是达尔豪西大学商学院的肖博和院长、Dipchand教授以及圣玛丽大学的Dodds教授（后任圣玛丽大学校长）。通过这一项目，厦门大学经济学院1983—1993年选拔了70多名青年教师赴加拿大的大学留学，20多名中青年教师赴加拿大的大学进修。我本人在1982年留校任教，通过这一项目于1984年赴加拿大达尔豪西大学攻读MBA，1986年7月回国后，继续在厦大经济学院计划统计系任教，同时在中－加MBA教育中心执教；又于1990年1月再赴加拿大达尔豪西大学攻读中－加联合培养博士学位，1991年4月回到厦大经济学院计划统计系任教。

厦门大学中－加MBA教育中心始建于1986年，与加拿大

China MBA grads primed for new market economy

BY STUART WATSON

The graduates of a joint Dalhousie/Xiamen University management education program are playing an active role in the dramatic economic changes under way in China.

That statement comes from the president of Xiamen University, Zugen Lin, who was at Dalhousie earlier this month to review the second phase of the Canada/China Management Education Program.

Funded by CIDA

Xiamen University and the School of Business Administration have been partners since 1983 in the 10-year, $2.5 million program that is funded by the Canadian International Development Agency. The program, which has involved the exchange of students and faculty, established a master of business administration program at Xiamen, a port city on the south coast of China. The program's first home-grown MBAs graduated in 1990.

Of the 20 linkage programs his university has with other western universities, Lin says the one with Dalhousie is among the best. The training the students receive in such programs is critical to the successful development of China's new economy.

The establishment of this (MBA) discipline has very far-reaching significance because it comes at a critical moment in the oriented mechanism and we really need to have people trained in such a field."

Taking active part

Lin says graduates of the program — there have been about 70 — are taking an active part in the reshaping of China's economic development. "Some are becoming the top or taking charge of the programs but we now heads Xiamen University's Management Education Centre, which houses the China-based MBA.

It is the method of teaching that has helped the program succeed, says Yaghoub Shafai, a professor of management and international business studies at Dalhousie. Shafai was acting director of the program last year.

Not traditional method

Students in the Xiamen program are exposed to essentially the same program Dalhousie MBA students are, including case studies, projects, reports and assignments. That contrasts with the traditional Chinese teaching method. It transmits knowledge through lectures.

Shafai says there are graduates, especially those who know the culture and language. He estimates there are 7,000 joint ventures involving western companies and China in special economic zones that have been established to launch the country's economy into capitalism.

Lin would like to see the ties with Dalhousie expand in the

(Left to right) Shinong Wu, director of the Management Education Centre, Xiamen University; Xiamen University President Zugen Lin; and Xingguo Zhong, director of international affairs at the university. (Watson photo)

1995年秋摄于加拿大达尔豪西大学并刊发在达尔豪西大学校报上。林祖庚校长、外办主任钟兴国教授、经济学院中－加MBA教育中心主任吴世农教授（左）访问加拿大（作者供图）

达尔豪西大学联合培养MBA研究生，师资50%来自达尔豪西大学和圣玛丽大学，50%来自厦门大学，史称"中－加班"，隶属厦门大学经济学院办公室管理，洪淑芬老师是外事秘书，负责许多具体的事务性工作。首任中心主任是院长助理刘平教授（经济系1977级），第二任中心主任是院长助理林擎国教授（计划统计系1977级）。我于1991年6月担任第三任中心主任，陈光老师任中心党支部书记。中－加MBA教育中心拥有独立的师资编制，成为经济学院属下一个正式的系级单位。

按照学校的规划，1996年拟在经济学院的会计系、企业管理系和中－加MBA教育中心三个单位的基础上组建厦门大学工商管理学院，由于会计系坚持认为时机尚未成熟，后来学校决定在企业管理系和中－加MBA教育中心这两个单位的基础上，先行成立厦门大学工商管理学院。随着我国高校学科设置的改革和规划调整，1999年，厦门大学经济学院的会计系、自动化系的系统科学与管理教研室、历史系的旅游专业正式加入管理学院，学校聘请张高丽先生担任院长，我担任常务副院长。此外，来自会计系的王光远教授也担任常务副院长，分管会计系。至此，厦门大学管理学院形成了"四系一中心"的格局，即会计系、企业管理系、旅游管理系、管理科学系和 MBA 教育中心。

在全体老师的共同努力下，厦门大学管理学院在2003年全国高校的工商管理一级学科评估中名列第三；2007年被国务院学位委员会和教育部批准为全国高校中首批五个工商管理一级学科博士授予单位；2013年在全国高校的工商管理一级学科评估中名列第五；2017年在全国高校第四轮学科评估中，工商管理一级学科获评 A 类学科；2019年厦门大学经济学与商学进入 ESI（基本科学指标数据库）全球前1%；2022年厦门大学工商管理一级学科在全国高校软科学评价中位列第四。厦门大学管理学院传承了经济学院优良的教学和科研传统，继续在管理学科中开花结果！厦门大学经济学院为创建管理学院作出了巨大的贡献，感谢经济学院！

80年代初厦大经济系学习生活的记忆

◎ 单 明

男，厦门大学原经济系政治经济学专业 1980 级本科生。曾任厦门大学校友总会常务理事、广东校友会理事长。

1980年8月，作为厦门大学80年代的第一届新生，我带着对美好校园生活的憧憬和未来的希望走进厦门大学。就是从那一年开始，在中国大地唱响着一首《年轻的朋友来相会》的歌曲。我们仿佛就是相会在欢歌笑语，天也新、地也新、春光更明媚的厦大经济学科殿堂，为祖国、为四化拼搏学习，觉得十分荣耀与自豪。那首歌词与时代紧贴的明快的乐曲，唱出了我们那一代青年学生远大的理想与抱负，展现了80年代新青年奋发图强的精神面貌，它伴随着我们四年的大学生活。紧张、美好、深奥而又丰富多彩、启迪人生、激励人们观念碰撞的经济系的学习生活，也给我留下了许多难忘的记忆。

一、班级第一次集体校外活动

80年代初的厦大经济系共分有政治经济、财政金融、计划统计、会计、对外贸易和企业管理6个专业，其中企业管理是1980年秋设立的。经济系1980级新生按6个专业设6个班，我被录取在政治经济学专业。我们班简称"80政经"，有40名同学，来自福建、山东和江苏各地，基本都是各地文科高考的尖子，其中来自漳州的连鹏同学是福建省1980年高考的文科状元，其余还有各地、市、县的文科状元；1979级政经专业还有两名同学先后到我们班续读。

厦大地处边防，那时厦门与金门两岸还隔海互打宣传战，海风中时时飘来金门的广播声。晚上7点后不允许到海边，有军队布岗警戒。开学后我们立即就进入了军训，经济系1980级6个班300多人的新生组成一个民兵营，由附近的31军驻军部队带领我们军训，系里指定我任副营长，配合部队组织训练，摸爬滚打、队列操练、实弹射击、投掷手榴弹，许多同学都是第一次。军训结束后，我们全班同学组织了入学后的第一次集体活动，即翻过南普陀后的五老峰，到万石植物园秋游，并留下了班级同学的第一张合影。那时候，班级同学之间相互还不怎么认识，名字也叫不全，男女同学相处还十分拘束。就这第一次的班级集体合影，有的女生还不敢直视镜头。42年过去了，当年那带着一脸稚气、衣着朴素、体现80年代初青年学生朴实精神风貌的同学们，今天有的是党政机关公务员，有的是高校、研究机构的专家、教授，有的是企业家，有的已退休安度晚年，最小年龄的今年也57岁了。那一年中国出了第一张生肖庚申年猴票，现在已十分珍贵。我们班的这张第一次大合照，也成为我们班级同学的珍贵留影。直至今天，当年因种种原因没有参加第一次集体活动的同学，看着这张珍贵照片中没有留下自己的身影，倍感懊悔和遗憾。

1980年秋天，经济系政经专业1980级第一次合影（作者供图）

二、名师传经授业与学长传经送宝

为了让我们尽快进入学习状态，掌握学习要点，在进入学习阶段的第一周，系里便安排1977级、1978级、1979级政经专业的学长与我们班的同学进行座谈，1977级的陈桦、刘平、蓝益江与1978级的高洁光、1979级的李朝阳等学长与我们分享如何学习经济学、学好《资本论》，如何分配好学习主要专业学科、副科与参与社会活动时间的心得。这次座谈交流，使我们对政治经济学科有了更进一步的认识，初步了解了四年学习课程安排，经济系各专业著名教授的风采与教学风格，王亚南老校长与《资本论》、与厦大经济学科的渊源，受益匪浅。两小时的座谈交流在我们四年"映雪""囊萤"生活中只是瞬间，却留下了深刻的印记。

我们入学时的经济系系主任是袁镇岳教授，他也是当时福建省经济学会会长，是著名经济学家、《资本论》翻译者王亚南老校长在中山大学经济系的学生。系里著名教授云集，在政治经济学专业有袁镇岳、吴宣恭、罗郁聪、蒋绍进、王洛林等，财政金融专业有邓子基、张亦春等，会计专业有葛家澍、余绪缨、常勋等，计划统计专业有钱伯海、黄良文等，对外贸易专业有魏嵩寿，经济研究所有张来仪、胡培兆，人口研究所有黄志贤、周元良等一大批教书育人的名家。那时候"文革"阴霾初散，改革开放处于起步阶段，"真理检验标准"的大讨论刚刚解除人们的思想禁锢，社会各领域开始拨乱反正，社会科学领域也弥漫着解放思想、开拓创新的氛围。中国社会开展经济体制改革，开始打破单一的全民与集体所有制，引入外资发展"三资"企业，发展个体与民营经济，国企实行政企分离；设立经济特区和沿海开放城市；农村人民公社解体，实行"联产承包制"，发展乡镇企业等等。改革思潮风起云涌，社会发展日新月异。站在理论前沿阵地的经济系师生更是置身于思想碰撞、观念更新、理论交锋的热潮，深入探讨价值规律、市场经济、按劳分配、产权制度、剩余价值、所有权与经营权分离、雇工与剥削等问题，吴宣恭、王洛林、蒋绍进、罗郁聪、李秉濬、周元良、林克明、石景云、陈永山、张来仪、陈谋箴、陈仁栋、陈振羽、李圭璋、王锦涛、许经勇、林开展、陈克俭、廖少廉、林光祖、林嗣明、陈炳瑞、陈燕南等老师激情满怀地给我们授课，课余时间还经常到学生宿舍悉心辅导，为我们学好古典经济学理论，读懂广博精深的理论巨著《资本论》，探索宏观微观经济，涉猎古今中外各经济学科知识，正确分析和认识社会经济发展中出现的新问题、新事物答疑解难。老师们为国家和省市地方经济建设建言献策，他们为理论观点引经据典、为教育事业教书育人的情景，如今依然历历在目。

在经济系四年的学习生活中，在老师们的谆谆教导下，我们由衷体会到开卷有益、学贵知疑，人类的知识浩如烟海，要掌握经济学的精髓，就要全心投入书山学海，结合实际探求验证。班上约四分之一的同学本科毕业后继续考上研究生进行深造。

三、六十周年校庆的志愿者

1981年4月6日我还是大一年级学生的时候，迎来了厦大六十周年校庆。学校为举办校庆活动做了周密准备，吴亮平、许涤新、方生等著名理论家、经济学家应邀参加校庆活动。系里安排我为中国人民大学的方生教授服务，有点像如今的志愿者，但工作任务没有现在的校庆志愿者那么细致。方生教授在厦大的时间安排得很紧，我陪他到建南大礼堂、上弦场，向他介绍厦大建筑。方生教授是福州人，40年代在台湾大学学习农业经济，对厦大的历史人文比我熟悉得多。他想了解学生的住宿情况，我便带他到芙蓉二参观经济系男生宿舍。他告诉我，陈嘉庚的女婿李光前的家乡是南安芙蓉乡，因他出资支持陈嘉庚建设厦大，陈嘉庚将他出资建设的学生宿舍取名芙蓉楼。

四、欢送经济系1977级、1978级学生干部

改革开放初期的厦大校园，学生们在完成紧张学业的同时，也积极参与学校和系里组织的各项文娱、体育活动和竞赛。那时候的经济系

1981年9月，经济系团总支、学生会主要学生干部新老交接，在南普陀留影（上排左起：1977级政经专业林金锭、1979级计统专业李初环、1977级会计专业朱之文、1979级政经专业黄海扬、1978级外贸专业郑艳艳、1979级外贸专业陈碧月、1978级计统专业李经帮、1978级会计专业黄常谔；下排左起：1977级财金专业蒋淮、1980级政经专业单明、1979级财金专业徐谦、1977级会计专业石建兴、1979级会计专业李振华、1977级会计专业王建国）（作者供图）

有1000多名学生，是学校数一数二的大系。1977级至1980级的学生，许多都有社会工作经历，在吹拉弹唱、体育竞赛方面都有许多能人高手，还有一支像模像样的学生乐队。辅导员黄定基老师希望经济系在全校各类竞赛中都能取得好成绩。学生干部在学习之余精心组织、分工协作，使经济系在全校的歌咏、舞蹈、体育、灯谜等各类竞赛中都取得了冠亚军的成绩，同学们在组织、参与学生活动中结下了深厚情谊。

1981年9月，1977级、1978级的学长们面临次年春、秋季毕业，系团总支、学生会进行了新老交接，由1979级财金专业徐谦任新一届系团总支副书记兼学生会主席，1979级外贸专业陈碧月和我任系团总支副书记，1979级政经专业黄海扬、计统专业李初环、会计专业李振华任系学生会副主席。在芙蓉二4楼召开交接分工会议后，新上任的系团总支、学生会干部与原经济系团总支、学生会主要骨干1977级财金专业蒋淮，1977级会计专业朱之文、石建兴、王建国，1977级政经专业林金锭，1978级会计专业黄常谔，1978级外贸专业郑艳艳，1978级计统专业李经帮等在南普陀留下了合影，记录了他们团结协作开展学生工作的美好年华。

五、见证厦大经济学院的诞生

1982年5月24日，厦大经济系全体师生1000多人在建南大礼堂召开经济学院成立大会，原厦大经济系升格为厦大经济学院。这是中国重点综合性大学建立的第一所经济学院，也是厦门大学在改革开放后建立的第一所学院，而国家教育部在1981年9月15日就批准厦大成立经济学院了。新成立的经济学院由李维山任院分党委书记，葛家澍教授任院长。原政治经济学专业升格为经济学系，陈文沛任系党总支书记，吴宣恭教授任系主任。财政金融专业升格为财金系，计划统计专业升格为计统系，对外贸易专业升格对外贸易系，会计专业与企业管理专业合为会企系。经济系升格为经济学院后，促进了经济各学科的发展，国际交流也丰富了。有一次学院召开大会，葛家澍院长认为，现在经济学院青年教师与学生的英语水平普遍较低，学院到欧美出国留学的指标因外语原因完不成任务。他要求大家强化外语学习，如果本院教师和学生外语水平达不到出国留学的要求，学院的出国留学名额就向外语系和理科生开放，从而推动大家积极学习外语。

六、调查实习与发表论文

1983年上大三的时候，周元良老师带领我们班到晋江开展"人口与经济"的实习调查，住在县委招待所，并让我带一个小组到省计委、省统计局、省经委和省人口办调研。这次调研活动使我们接触了福建省直经济机关和闽南侨乡基层组织与社会，初步掌握了调查研究与分析论证的方式和方法，受益良多。在周元良老师的指导下，我写的《福建省的人口、耕地与粮食》发表在《福建人口》1983年第一期，另一篇文章发表在福建省人口办的刊物上。这一年夏天，我又利用暑假到福州的工厂开展调查，撰写的《福建电子计算机厂走产品国产化道路的调查》被校团委、学生会编辑的《厦门大学学生社会调查报告选编》录用，并在许经勇老师的指导下，在《福建论坛》1984年第八期发表。

七、小平同志接见厦大师生

1984年2月9日小平同志到厦大视察，学校那时还在放寒假。2月8日我在福州家中突然接到系办公室的电话，要求当日立即返校，参加领导接见活动。那时候我是经济系的团总支副书记、学生会主席兼班长。

在计划经济时代，福厦交通不便，车次不多，当天的车票已买不到了，因此没有成行。第二天小平同志视察厦大，我们班的胡怀福同学春节留在学校，有幸参与了小平同志的接见活动。小平同志一到会场，就与离他很近的胡怀福同学亲切握手，怀福同学紧张、兴奋、激动得话也说不出来，这成为他一生的荣耀，也留下了珍贵的照片。第二天我得知是小平同志到厦大视察并接见厦大师生代表，而我错过了这次接见，留下了一生遗憾与懊悔。

四年厦大经济系的学习生活在一生中只是短暂的瞬间，却留下了魂牵梦萦的难忘记忆，博学多才的老师们谆谆教诲、循循善诱的情景，如今仍历历在目、犹如昨日。

港湾

◎ 生柳荣

男，厦门大学经济学院原财政金融系金融学专业 1982 级本科生，原财政金融系 1986 级硕士研究生，原财政金融系 1994 级博士研究生。现任中国建设银行首席财务官。

2022年8月，面对前所未有的复杂形势，我一直沉浸在对中国经济破局重生、金融结构调整优化和国有大行转型蝶变的思考之中。恰在此时，听闻母院即将庆祝建院40周年，我的思绪也随之回到了40年前改革开放之初的那段青葱岁月，40年来与厦门大学经济学院的往事点点滴滴如画卷一般徐徐展开。

我与厦门大学经济学院极为有缘。1982年，厦门大学经济学院成立，同年我有幸成为经济学院财政金融系金融专业本科生，此后在经济学院度过了"两个十年"——本、硕、博读书十年，1988—1997年教学十年（其中1994—1997年在职攻读博士学位，既为师又为生）。后来虽然因工作调动离开了厦门大学，但我仍然经常回到学院看望师友，交流讨论，每次都收获颇丰，感觉自己从未走远。40年来，我和它同成长、共发展，共同奋战在改革开放的最前沿，共同见证着我国经济社会发展立下一座座丰碑。在我心中，它就是人生中最重要的港湾，在它的怀抱里，我不断汲取营养、感受温暖，一次次蓄满能量，扬帆远航，奔向远方。

厦门大学经济学院是我人生的启程港湾

1982年入学伊始，我便因入学档案的一手好字，被财金系辅导员叶芦生老师推荐至学生社团财金学社，担任财金系学生刊物《财政与金融》的编委（时任主编为赵学锋，现为金融时报社副总编）。这份学生刊物主要刊发本科生的学习思考、人生感悟和专业小论文。我作为编委，除了编辑和审稿外，还承担这份油印刊物的刻蜡纸工作，一手好字也算有了"用武之地"。正是在此刊物上，我发表了本科阶段的处女作，也从此燃起了做学问、搞研究的浓厚兴趣。至研究生学习阶段，教授们经常邀请学生去家中探讨问题、研究课题，时不时也让研究生在家中"烟酒"一下，印象中我到洪文金、张亦春、黄宝奎三位教授家中拜访多一些。在频繁的互动中，我的研究能力得以快速提高，在《厦门大学学报》上发表的第一篇学术论文《我国积累格局变化引发的思考》，很大程度上增强了我从事教学和学术研究的信心，更重要的是培养了我独立思考研究问题的能力。即使后来离开厦门大学前往银行从事金融实务工作，我也始终保持着独立思考的良好习惯，无论事务工作多么繁忙，都要抽出时间静心思考沉淀，把实务经营所思所想形成文字。时至今日，每季度我仍有文章见诸各类报刊。在经济学院学习、工作期间形成的理论功底和研究能力成为我学习成长、与时俱进的不竭源泉。

厦门大学经济学院是我人生的知识港湾

从建院之初，经济学院便确定了宽口径、厚基础的教学模式，本科一、二年级学生主要学习基础课，包括英语、哲学、政治经济学、西方经济学、高等数学、计算机等课程，学院各专业的学生一起上课，200人以上的课堂司空见惯，这有效打破了专业界限，为不同专业同学搭建了无障碍的交流学习平台，许多院友在当时相互熟识了。时至今日，虽然大家奋斗在全国大江南北各行各业，但仍时有沟通交流，每每谈及当年课堂情景，大家亦是历历在目。至本科三、四年级，虽然进入专业课学习阶段，学院仍坚持宽口径的教学方式，金融专业的学生除了学习金融史、货币银行学、国际金融、农村金融等专业课外，也要学习企业财务会计、审计、财政、税收等其他专业课程。这种教学方式使学生兼收并蓄，本科阶段就能打下较扎实的经济学和金融学理论基础。有关《资本论》的教学和研究在厦大经济学院占据十分重要的地位，1945年，王亚南教授担任厦大经济系主任时，在厦大开创了以马克思主义政治经济学为基础的中国经济学"厦大学派"。对马克思经典著作的研读贯穿于经济学院本科生、硕士和博士研究生各个学习阶段：在本科阶段，经济学院各专业都要学习政治经济学，特别是学习马克思《资本论》中有关资本的生产、流通和分配的基本原理；在硕士和博士研究生阶段，学生要通读《资本论》第一、二、三卷。我本人本硕博均在厦大经济学院学习，《资本论》有关原理和理论共学习了三轮，《资本论》第一至三卷通读了两遍，其中的唯物史观和辩证法思维对我后来的教学、实践工作及学术研究影响很大，可谓终身受益。

厦门大学经济学院是开放的港湾

厦门大学经济学院历来以开放包容见长，与国内外诸多知名高校院所都有深度合作。我在校学习和任教期间，即聆听过黄达、钱荣堃、许毅、刘鸿儒、江其务等多位知名教授的学术讲座。硕士研究生阶段，加拿大达尔豪斯大学狄普青教授有段时间常驻厦门大学经济学院，开展教学和学术合作。我有幸参与了他和张亦春教授联合主编的《中国金融机构与管理》一书的编写工作。该书在国内外出版了中、英文两个版本，是20世纪80年代少有的向西方世界系统介绍中国金融体系的英文著作。进入21世纪，在朱崇实校长的领导下，洪永淼等海归教授推动了厦门大学经济学院的国际化交流与合作走向新的高度，学院的国际影响力不断提升。就我本人而言，1997年，中国建设银行通过人才引进邀请我至其厦门市分行工作，任国际业务部主要负责人。我虽对厦大极为不舍，但也想跳出象牙塔到金融实务前沿历练一番；面对校方和院方的极力挽留，一时间颇为纠结。关键时刻邓子基教授的一句话令我茅塞顿开，他讲到"只要能为国家做贡献，无论在厦门大学还是建设银行都是一样"，我也从此由象牙塔迈入了金融业改革发展的最前线。至今，我仍然时时想起这句话，丝毫不敢懈怠，唯恐有负先生当年嘱托。借此机会，也表达我对邓子基老先生的缅怀之意与感激之情。

厦门大学经济学院是创新的港湾

厦门大学经济学院历来走在改革创新的最前沿。1986年我攻读硕士学位时，时任院长葛家澍教授便力推兴办"引理入经"研究生班，招收理科背景的本科生到经济学院读研，培养复合型研究生，率先在国内进行研究生培养改革探索，为我国培养了一批经济学科的计量和实证研究人才。著名计量经济学教授洪永淼先生就出自此班（洪先生曾任美国康奈尔大学经济学及统计学系终身教授，曾任厦大经济学院和王亚南经济研究院院长，本科毕业于厦大物理系）。此外，学院也致力于教学改革与创新，鼓励教师根据我国经济改革和市场经济的发展不断创新课程。20世纪90年代初，我国证券市场刚刚起步，时任财金系主任张亦春教授主持编写的《金融市场与投资》（我负责外汇市场部分）成为我国高校最早的金融市场类教材之一。随后，我便着手研究期货市场和金融衍生工具，在本科生中开设"期货市场理论与实务"课程，同时在研究生中开设"当代金融创新"专题课，并分别于1994年和1998年出版了《期货市场理论与实务》（厦门大学出版社）和《当代金融创新》（中国发展出版社）两部专著，成为我国高校有关金融创新和金融衍生工具教学与研究的早期参与者。近年来，我国经济实力不断提升，人均GDP跨过1万美元，企业和居民走出国门参与国际市场投资的需求持续增长，经济学院周颖刚教授应时而为，开设了"全球大类资产配置"的课程，并专门开发了全球资产配置模拟交易系统作为教学辅助工具，再次走在了国内前列。正是在厦门大学经济学院始终与时俱进、敢为人先精神的熏陶下，我才得以持续更新自身的知识储备，面对困境敢于创新求变，使自己能够始终与时代为伍，与改革同步。

厦门大学经济学院是知行合一的港湾

厦门大学经济学院以应用经济学见长，各系均注重教学与实践的结合，创造条件让师生参与到社会实践中，使师生掌握的理论能推动社会实践，同时通过社会实践更新和丰富教学内容，使教学内容能够更好跟

2014年，生柳荣在智利工作时拜会智利前总统弗雷先生（作者供图）

上改革步伐、贴近社会实践。我的导师张亦春教授曾任经济学院院长，他有一个品牌课，就是为每届金融专业的毕业生讲授题为"银行是门大学问"的讲座。上这门课时，课堂上讲课的老师激情四射、声情并茂，听课的学生心潮澎湃、热血沸腾，恨不得第二天就去银行做"大学问"。听完讲座，系里果真组织毕业班学生去银行实习，体验"大学问"。当时我选择到中国工商银行厦门市分行国际业务部拜师学艺，在师傅毛照烨先生的带领下，去厦门造船厂、蜜饯厂、电池厂等企业亲身历练，了解企业产、供、销过程，学习对工业企业的财务分析和授信评估，使得"象牙塔"里的学生在"学"的基础上又掌握了"用"的本领。除此之外，厦门大学经济学院当时还开办了会计事务所、资产评估所，财金系甚至还参与开办了一家城市信用社。1988年我留校任教后，曾担任系工会主席，代表工会在信用社行使股东权利，并参与信用社的重大决策。这些经历使我充分理解了理论与实务的异同，实现了教学、研究与社会实践的深度融合与互动共进。现在想来，我从厦门大学经济学院离开并进入中国建设银行后，可以很快转变并适应角色，与此前学院提供的丰富实践经历应是分不开的。

厦门大学经济学院是我人生的精神港湾

1921年，厦门大学成立时就设立了商学部，校主陈嘉庚先生定下了"自强不息、止于至善"的校训。1937年，厦门大学经济学科内迁至福建长汀，在炮火中艰苦办学。1945年，王亚南教授担任厦门大学经济系主任，开创了以马克思主义政治经济学为基础的中国经济学"厦大学派"。1978年改革开放后，

ECONOMICS

我与厦大经济学科的故事

生柳荣

厦门大学经济学科新百年暨经济学院成立40周年

2017年，生柳荣在厦门工作时参加金砖国家工商论坛（作者供图）

国家开始酝酿金融业改革，计划将原来大一统的银行体系转变成中央银行和商业银行分设、分别行使职能的新型银行体系，急需专业经济金融人才。1982年，厦门大学应势而为，成立经济学院，在时任中国人民银行总行副行长刘鸿儒先生的推动下，在中国人民银行总行的资助下，经济学院扩大招生规模，开始大规模培养专业金融人才。回首厦门大学经济学科的百年发展史，无一不深深烙印着对国家强盛和民族复兴的拳拳之心。我从踏入厦门大学经济学院伊始，便深刻感受到厦大经济学科经世济民的家国情怀，这种情怀充分体现在厦大经济学院的办学理念中，无论是在厦大学习、任教还是在中国建设银行工作期间，我与各位师长、各位同学、各位同事始终聚焦中国改革开放和金融业发展中的热点和前沿问题思考讨论、建言献策，如其他每位厦大学子一样，以强国事业为己任，形成了强烈的爱国意识、担当精神、实干作风。"自强不息、止于至善"的校训时刻激励我永不松懈，追求卓越；经济学院经世济民、服务社会的理念成为我人生拼搏奋进的不竭动力，是我人生中最为宝贵的精神财富。

1982年，中国迈向改革开放的深水区时，我来到厦门大学经济学院求学，在凤凰花开的季节成为号称"中国最美大学"的一分子。2022年，中国经济社会发展再次来到关键阶段，在厦大经济学院这个人生港湾的培养呵护下，我已从当年的懵懂少年成长为一名金融老兵，奋战在国家经济转型发展和金融改革的第一线。回首40年的成长历程，我豁然开朗，信心倍增，坚信我们一定能如40年前一样，迈过荆棘、踏平坎坷，推动中华民族伟大复兴的巍巍巨轮持续向前，而背后正是那亮着点点星光的温馨港湾。

2022年8月18日写于北京西城丰汇园

立德树人的一流学院

◎ 刘国和

男，厦门大学经济学院原计划统计系计划统计专业 1982 级本科生。现任大连国投集团高管、大连知联会国企分会会长、厦大辽宁校友会会长。

1982年高考，我非常幸运考上了厦门大学经济学院计划统计系。今年是入校40周年，恰逢母校经济学院成立40周年，接到母校杨灿教授的邀请信让我写点随感，恭敬不如从命。

80年代厦大经院的学习时光

1982年夏天，我从辽宁朝阳建平县三家村来到厦门大学经济学院计划统计系读书学习，报到第一天就感受到厦大老师对学生的关爱。当时经济学院在厦大三家村边上南光楼办公，接待我的计统系李晓娜老师非常热情，一下子打消了我刚刚入学的陌生疏离感。填完表格后她还送了一把南瓜子给我，让我受宠若惊，愣是放在口袋里好几天舍不得吃。

80年代的经济学院大师云集：会计系有葛家澍、余绪缨先生，经济系有胡培兆、吴宣恭、王洛林先生，财政金融系有邓子基、张亦春先生……我们计统系有钱伯海、黄良文、罗季荣三位大先生。这些先生不仅是各个学科的泰斗，更是为人师表，立德树人，爱生如子，是学生们高山仰止的人格典范！

厦大美食令人难忘。芙蓉二边上的经济系食堂主食副食品种多，物美价廉。白面馒头几分钱一个，海蛎煎、炒米粉、排骨汤……厦大的味道让人念念不忘。1984年春节，由于路途遥远，我没有回家过年，厦大给我们安排的年夜饭比家里的还好！那一年2月春节，正好赶上邓小平先生来厦大看望师生。

我的毕业论文指导老师是罗季荣教授，罗老师的精心指导让我受益良多。我的论文题目是《国家·计划·活力》。在此引用毕业论文最后一句话："这场由经济领域展开的全面社会改革确实是一场深刻、影响深远的社会革命，它将会震撼沉睡几千年的古老民族，开辟一个新的伟大时代。1986年6月于芙蓉湖畔博学楼。"

大学时光情义无价，同舍、同班、同院、同校、同乡的同学们互相关照、互相帮助。由于家境贫寒，我的助学金是全班最高的，感谢不少同学对我的真挚关心和帮助！四年时光一半时间是在图书馆阅览室中度过的，"万卷真书破，一腔热血出"是一个同学给我的毕业留言。除了学习外，我也很注重体育锻炼，"野蛮其体魄"，登山游泳是我的兴趣。毕业四年后我又考回厦大攻读 MBA 研究生，我发现，许多老师都是经济学院出来的。

工作创业点滴感悟

志存高远，立足大地仰望星空

1986年夏天，我被分配到沈阳变压器厂计划处当计划员。我立足岗位，协助师父编制企业生产经营计划。工作八小时之外，我参考大量图书资料，发表论文。一篇文章荣获沈阳图书馆读书征文大赛一等奖第一名，另一篇文章《国家计划与企业计划》荣获辽宁省计划学会优秀论文奖。1988年春天写的《自然·人类·和谐》论文获邀参加在北京人民大会堂举办的国际会议——世界第十届未来大会。在环境与发展分论坛上，我有幸被主席罗马大学卡基阿诺教授点名第一个宣读论文，受到美国、意大利、澳大利亚、印度等与会代表的赞赏和好评。该论文节选《从工具文化到心灵文化》（"From Tool Culture to Soul Culture"），在美国纽约全球教育协会刊物 *Breakthrough* 上发表。毕业不到两年写出这样的国际会议论文，没有在厦大经济学院的学习根底是无法想象的！

相信自己，一切皆有可能

1997年1月，时任南方证券天津公司总经理助理的我奉命前往新疆乌鲁木齐参加南方证券投资银行小组，争取乌鲁木齐石化公司 IPO（首次公开募股）项目。我们一行4人飞到乌鲁木齐时，了解到已经来晚一步。国泰证券董事长率领其投行部团队先一天抵达，他们已经同新疆最高领导王书记接触，并与企业建立起密切联系，正在同企业开交流会。明眼人一看，南方证券基本没戏了。有人劝我们打道回府，我们小组开会讨论，决定既来之则安之，奋力一搏，把死马当活马医！经过努力，乌鲁木齐石化总经理答应给5分钟见个面，可能是礼节上寒暄一下而已。第二天一大早，我们就在乌鲁木齐石化总经理办公室等候，与他一开谈，我就介绍了南方证券的投行专业实力；重点强调乌鲁木齐石化 IPO 项目非同小可，改制上市发行方案的优劣将直接决定乌鲁木齐石化的未来兴衰。乌鲁木齐石化老总越听越来劲，双方一口气谈了一个半小时。由见面5分钟到交流一个半小时，我们争取到与国泰证券同台竞争作专题报告的机会。第三天上午，乌鲁木齐石化大礼堂坐满了来听报告的处级以上干部，乌鲁木齐石化电视台现场录制节目。国泰证券由 M 博士主讲，南方证券由我

刘国和与中国驻俄罗斯大使张汉晖先生合影（作者供图）

主讲。我首先出场作专题报告，重点谈乌鲁木齐石化为什么要发行股票、上市公司的利与弊、乌鲁木齐石化上市会给员工带来什么、资本市场究竟是什么、乌鲁木齐石化作为国有大企业应怎样最佳利用资本市场、南方证券有什么竞争优势、如果选择南方证券作为主承销商我们会怎么做，最后对乌鲁木齐石化改制上市表示了由衷的祝愿。报告一结束，会场上响起了热烈的掌声。我到洗手间时有几位处长跟着我要名片，台下听讲的乌石化主管 IPO 副总脸上露出笑容，我心中想效果还不错。就看国泰证券 M 博士的专题报告如何了。M 博士一出场就技高一筹，用高科技手提电脑 PPT 演示。我心中暗想糟了，人家是飞机加大炮，我是小米加步枪，看来没戏了。M 博士介绍资本市场许多高深知识，可是台下的干部们好像听不懂；讲到一半，不少人打瞌睡，一些人离开。专题报告会结束后南方证券确立了明显优势。最终，我们南方证券投行团队赢得了这个项目。

自主创业，开阔视野

2000年春天，35岁的我想换一种方式生活，同几个朋友一起自主创业，在沈阳创办辽宁绿色和谐公司，在大连创办大连至善投资公司。我被推选为辽宁省青联常委，得到时任辽宁省委书记闻世震先生的接见，成为中国青年企业家协会会员。2001年元旦，我在《中国统计》2001年第一期发表文章《新世纪第一个十年中国资本市场展望》。后来公司与《中国统计》合作，共同推出《中国统计》资本市场专栏。

2000年夏天，我应上市公司大连渤海集团董事长汤闯先生邀请，参加大连市领导李玉臻为团长的商务考察团出访俄罗斯，到贝加尔湖畔伊尔库茨克、莫斯科、圣彼得堡半个月。2001年3月，我作为团长率领辽宁青年企业家代表团访问日本富山，《北

2001年3月刘国和作为团长率辽宁青年企业家代表团访问日本富山（作者供图）

日本新闻》《富山新闻》于2001年3月29日作了报道。

2002年夏天，我有幸参加团中央派出的中国青年企业家代表团，访问土耳其、埃及、希腊、意大利、梵蒂冈王国。特别有意义的一件事是在埃及撒哈拉沙漠上种树，种下中埃青年友好林。2005年我加盟团中央的中国光华科技基金会，创办一个专项基金：青少年和谐教育基金。

担当社会责任，服务辽宁振兴

在厦大经济学院学习时，读书看到鲁迅先生在厦大的一件事；1926年12月12日，鲁迅先生在厦大创办的平民学校讲台上说："你们缺的是金钱，而不是聪明才智；你们平民的子弟，一样是聪明的；穷人的子女，一样是有智慧的。你们只要下决心去奋斗，就一定会成功，有光明的前途。"这段话让我刻骨铭心，点燃了我担当社会责任的热情，是我利用工作之余创办绿色和谐书院，创办沈阳、大连、辽宁厦大校友会的第一推动力。

创办绿色和谐书院

1991年春天，我在脑海中形成"绿色和谐"思想；1992年，主办绿色和谐文化讲座；1993年5月，创办沈阳绿色和谐书院；1998年，在大连主办绿色和谐书院讲座；2000年创办大连至善投资公司时，绿色和谐书院采用温读耕先生墨宝在公司办公室挂牌。我提出绿色和谐书院的三永精神：永不止步，永不低头，永不内耗。30年来，绿色和谐书院在沈阳、大连、北京主办经济、科技、金融、文化、经典学习主题讲座800多次，已经让成千上万人受益。绿色和谐书院已经成为辽宁有一定影响力的文化品牌。

创办东北第一个厦大校友会

1986年毕业分配到沈阳后，我主动联系一些厦大校友，找到了一些50—60年代来沈阳的老学长。经过几年的努力，沈阳厦大校友会于1993年成立，这是厦大在东北的第一个校友会。我每年主办活动服务校友，后来创办、主编校友会会刊《南强之子》，现在《南强之子》已经出刊12期，成为深受校友们欢迎的品牌刊物。1998年我到大连工作后，在《大连日报》刊登广告诚邀校友；1998年12月12日，近百名厦大校友齐聚大连渤海大酒店。我主持创办大连厦大校友会，创办、主编会刊《至善》。2000年时任辽宁省教育厅厅长张德祥学长提议，在沈阳、大连校友会基础上成立辽宁校友会。经过近30年的发展，厦大辽宁校友会已经被母校评为全球优秀校友会。2022年3月，在母校经济学院领导倡议下，厦大辽宁校友会正在筹备经济金融分会。

参加知联会，担任大连知联会国企分会会长

大连国有企业有上万名党外知识分子，为了团结广大知识

分子更好地为国企改革发展服务，大连国资委在市委统战部支持下成立大连知联会国企分会，我有幸成为第二届会长。2020年1月6日，大连市委统战部领导特地来单位看望并来函感谢。

评价一个学院是否出类拔萃的标准是什么？是教学、科研，还是毕业生的质量？毕业生质量即院友影响力一定是一个关键维度。厦大经济学院继承陈嘉庚先生创校既有商科的百年正脉，又培养了一大批活跃在政界、学界的杰出院友，已经成为中国一流的经济学院。莫愁前路无知己，天下谁人不识君？ 40岁的厦大经济学院风华正茂，让我们踔厉奋发，一起奔向未来！厦大经济学院一定会成为世界一流的顶级经济学院！

记一次难忘的社会调查

社会调查

◎ 张宏樑

男，厦门大学经济学院经济学系经济学专业 1983 级本科生。现任昆仑投资公司总经理。

1985年6月中旬，32岁的习近平同志卸任河北正定县委书记，履新厦门市委常委、副市长，恰好赶上厦门经济特区进入更好更快发展的阶段。当时厦门市委、市政府认识到，厦门经济特区经过5年筚路蓝缕、以启山林式的开拓，已经处在发展的关键时期，迫切需要一个发展战略作为决策指南，以实现更快更好的发展。习近平同志分管计划工作，由他牵头组织各方力量研究制定《1985—2000年厦门经济社会发展战略》。当时全国很多地方做计划都是5年，没有哪个地方做过15年的，这是全国最早编制的城市经济社会中长期发展战略规划。

注重调研是习近平同志的工作习惯，他做任何工作都是先调研做规划，然后再分工、落实，到现在他的工作风格也是如此。1985年10月，为了做好这个战略规划，贯彻《国务院关于厦门经济特区实施方案的批复》（国务院国发〔1985〕85号）文件精神，迎接"七五"计划的改革任务，在习近平同志的指导下，厦大经济系和厦门市体改委组成联合调查队，对厦门市若干经济问题进行调查，目的是为制定厦门经济发展战略和改革方案提供第一手市情资料。当时厦门市体改委的郑金沐是发展战略研究办公室主任，毕业于厦门大学经济系。

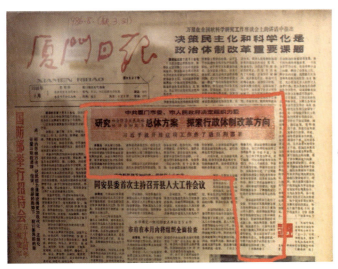

《厦门日报》1986年8月1日头版刊发了习近平同志组织力量研究制定厦门经济社会发展战略和经济体制改革总体方案的动员和部署工作的报道（作者供图）

当时我们经济系1983级的全体同学和老师都参与这个调查队，就厦门市的人口、基础设施、物流、旅游、房产、农副产品等分成21个专题进行了为期一个月的系统调查（如表1）。调查队根据同学们和老师们的特长和爱好分成了若干个调查小组，比如物资流通调查组、旅游业调查组、基础设施调查组等，然后把21个专题落实到组，落实到指导老师和参加的同学，甚至落实到谁是执笔人、谁侧重理论分析、谁侧重实际情况的了解等等。我们用了整整两个月的时间，在1985年11月底，写出了调查报告和论文，编辑成上、下册提供给市委领导和其他有关方面参考。

表1　厦门市经济问题调查21个专题报告

序号	专题名称	序号	专题名称
1	按照"贸工农"要求，发展"外向型"农业	12	厦门岛供水问题探讨
2	厦门特区流动人口及其对社会经济的影响	13	厦门特区外引基本情况调查
3	论智力资源在厦门特区经济建设中的地位与作用	14	厦门特区内联基本情况调查
4	对厦门纺织厂劳动力外流问题的调查	15	关于厦门特区商品策略的若干问题
5	关于厦门物资流通的调查	16	关于厦门特区市场策略的若干问题
6	办好厦门特区物资贸易中心之浅见	17	关于厦门特区销售策略的若干问题
7	厦门市第一百货商店搞活企业的调查	18	加强工贸结合，扩大产品出口，促进厦门经济战略转型
8	厦门市旅游业的现状及发展	19	经济体制改革与增强大中型企业的活力
9	发展厦门特区房地产的若干问题	20	对"一个市场、两种工资制度"的认识
10	厦门市信息产业的现状	21	关于厦门市农副产品价格改革的调查报告
11	关于厦门市基础设施建设的调查报告		

这些题目都特别大、特别好、特别全面，我印象很深刻的是关于厦门岛供水情况的调研。后来我向习近平同志请教时，他说，一个城市的规模，取决于它的供水。当时厦门岛特别缺水，厦门大学都没有自来水。用水怎么办呢？厦门大学现在有个景点"情人谷"，"情人谷"就是当年厦大的水库，靠雨水和泉水积累，然后把水库中的水引到厦大来用。不过现在整个厦门的供水情况都大大改善了，不但自己的供水解决了，还给金门供水。

我参加的是旅游业调查组。我们这个组还有张平顺、吴文杰、杨仁才等同学。那时同学们对旅游业的认识还很粗浅，但对素有"海上花园"美誉的厦门发展旅游业还是充满信心的。接到"厦门市旅游业的现状及发展"这个题目后，我们首先对厦门旅游业的基本情况进行了摸底。第一，确定"以海为主，山海结合"的旅游业主题，其中4个是重点旅游点：一是"海上花园"鼓浪屿，二是"千年古刹"南普陀、厦门大学、华侨博物馆一线，三是万石植物园公园，四是集美学村。第二，了解交通运输的发展情况。当时厦门国际机场已有定期航班，每周共有21个航次往返于北京、广州、香港、马尼拉等国内外城市。第三，了解旅游宾馆、酒店的发展情况。我们对厦门市当时主要的12家宾馆的房间数、床位数、标准间价格（包括人民币和外汇券）、入住率、餐饮消费等都进行了深入的调查。我特别对厦门鹭江宾馆进行了调查，并写出了调查报告。

掌握了基本情况后，下一步就是对厦门市发展旅游业的前景进行展望。比如，风景优美，有大量旅游自然资源和人文景观，又是全国四大经济特区之一，还是闽南侨乡，所以厦门旅游业的发展有着巨大的潜力。我们还分析了存在的问题，比如，对旅游业的重视程度还不够，旅游收入在地区国民生产总值中占的比重不大，全面规划不够，设施结构不合理，旅游专业人才和服务员质量都有待提高，旅游商品的种类、数量及销售相对不足，为旅游提供的娱乐项目少，形式过于单调等。

同时我们还提出了一些意见和建议：一是提高认识发展旅游业对经济特区建设所起的作用，进行全面合理的规划。我们统计，旅游者在厦门平均逗留两天半时间，平均消费223元人民币，说明来厦游客多数消费水平不高。为此，在厦门旅游设施基础工程尚未配套成龙的情况下，建造旅馆、饭店应以中低档为主，这样可以充分利用客房和宾馆建设与客源同步增长。二是加强旅游人才的培训，开发旅游商品，制造出一些具有本地特色的旅游纪念品。三是开发开辟海上旅游线，成立海上旅游公司，举办海上半日游、一日游和夜游活动，使游客真正领略到海上花园的迷人景象。四是兴建并进一步开发鼓浪屿旅游村——观海园。五是进一步开发万石植物园。比方说可以建造一所万石园山庄别墅，供旅游者休息、疗养；增建运动步行道；讲好文化名人的故事；建议不收门票。六是利用集美镇丰富的温泉资源，兴建集美温泉旅游村。让原有单一的

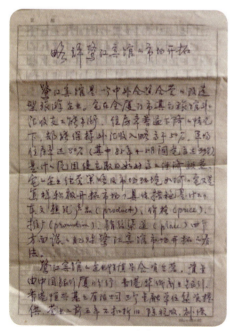

作者撰写的鹭江宾馆调查手稿（作者供图）

旅游内容变得多样多元，比如举办一些旅游体育、旅游会议等形式多样、内容丰富的旅游项目。

21个专题调研之后，所有调研报告收在两本小册子里，我至今还保留着。册子前言写道："这次调查得到了市政府和厦门大学经济学院领导的关怀和支持；得到了有关部门、企业的大力协助和配合；厦门大学经济系1983级全体同学和指导教师为这次调查付出了辛勤的劳动，从而保证了调查的顺利进行。"

这仅仅是制定发展战略的第一步。习近平同志在看到我们的调研报告之后，又专门找了包括厦门大学经济系在内的一大批专家进行讨论，合并了一些题目，又新出了一些题目，但仍然是21个专题。其中，我们经济系承担了7个专题，成为专题研究的主力。在学生调研的基础上，习近平同志让老师们和其他专家学者在11月又做了一次调研。这样一共做了两次调研，前后历时2个月，然后才开始讨论制定厦门经济社会发展的15年规划。

我体会到习总书记做工作有一个特点，就是先做调查，后做研究，再经过多方讨论，真正做到从理论到实践、从历史到现实、从统计到实际、从战略到战术的有机结合，制定了规划，狠抓落实，一以贯之，"一张蓝图绘到底"。这些做法都值得我们在今后的工作中认真学习贯彻。

这次调研对我们经济系的师生来说是一次非常难得的理论联系实践的机会，对我们了解厦门市情市貌、深化课本知识有很大的帮助。比如拿我们旅游组来说，当时我们学生哪里知道什么叫标准间，什么叫星级酒店，什么是外汇券，但通过这次调研活动，标准间、外汇券、自助早餐、中央空调等等，就成为我们耳熟能详的词语，那时候感觉特别高大上。于我而言，通过这件事情，我感受到那位素未谋面的习市长应该是一个"充分信任青年"的开拓型领导干部，加上之前我在河北家乡的时候，听说过他在河北正定老百姓中口碑很好，所以我大着胆子给习市长写了一封信，希望能和他见上一面，当面汇报。没想到的是，1985年11月25日，我就幸运地收到了他的亲笔回信。后来我当面向习近平同志请教，问他厦门的高档酒店会不会太多了。他回答说："你们这个结论还是发展中的，不一定对，将来厦门的旅游人数会越来越多，也会越来越往高端发展。"他亲自主持编制《1985年—2000年厦门经济社会发展战略》时，对厦门市城市的定位，在"现代化国际性的港口风景城市"基础上加了"旅游"两个字，变成了"现代化国际性的港口风景旅游城市"，并专门把旅游经济作为附属提出来，把旅游产业作为厦门重要的发展方向，这其中包括鼓浪屿的旅游发展和申请世遗保护，都非常具有前瞻性。《1985年—2000年厦门经济社会发展战略》充分体现了习近平同志"功成不必在我"的精神境界和"功成必定有我"的历史担当，为厦门经济特区擘画了永续发展蓝图，真正做到"一张蓝图绘到底"。

在学海中沉潜与寻觅飞越

◎ 叶飞文

男，厦门大学数学专业 1983 级本科生（辅修计划统计专业），原计划统计系 1987 级硕士研究生，经济研究所 2000 级博士研究生。现任福建省省委委员，省统计局党组书记、局长。

每当我亲眼目睹企鹅上岸前先是一头扎入海里拼命沉潜，然后借助浮力一跃上岸时，总是想起当年在厦门大学经济学院与数学系求学的日子，想起当时的点点滴滴，想起火红凤凰木下的师长同学。企鹅深知沉潜蓄力才能上岸，但没有人看得见它在海里的努力与承受的压力，没有人知道它在海里长期蓄力才能一跃而上，交替复始，我们只看到它跃出海面时的壮观。这启示我们，成功路上需要十分的努力，并承受得住压力、耐得住沉潜，书山有路勤为径，学海无涯苦作舟。芙蓉挑灯、博学夜读，生命的激情在于学海中沉潜，增长智识，准备蓄力。想要飞越抵达胜利彼岸，就要无畏压力与阻力，寻求突破跃升，时机一到就能完美展示积蓄的力量。

一、怀着理想投身厦门大学求学

1983年9月，火红的凤凰木迎来了渴求知识的学子，怀着理想的我来到了全国最美丽的滨海大学——厦门大学。这里的环境实在是好过我国许多大学，以至于好几年后我到中国人民大学学习，惊讶于校园之小；到复旦大学学习，也感慨校园没有厦门大学漂亮。我对厦门大学经济学院的"初恋"始于当时学校想领改革开放风气之先，在全国率先开设主辅修双专业改革试点。当时，我有幸在这全国唯一一所位于经济特区的重点大学中凭着优秀成绩成功成为经济学院第一批也是厦门大学第一批主辅修双学位的本科生，印象中那一年全校第一批仅10人左右。学业结束后，我的经济学院计划统计专业证书编号还是004号。

我到厦门大学先上的是数学专业，对经济学院有所了解后恰逢学校在部分经济学科开设主辅修双专业试点，于是报名参加经济学院计划统计系计划统计专业的遴选。我喜欢数学，那年代流行的"学好数理化，走遍天下都不怕"，正是改革开发初期国家需要的真实写照。中学时我就参加了全国数学竞赛、全国化学竞赛、全国物理竞赛，理科成绩好，高考成绩在班上第一名、学校前三名。第一志愿报的就是数学（当时数学系陈景润带来的社会效应大），同学中高考成绩比我低的有一个上了北京大学计算机系，一个上了清华大学数（学）力（学）系，都是我很好的同学。我到中国人民大学学习时三个人经常来往于人大、北大、清华间。我从小就认为数学是天地万物最根本的东西，因此初中开始就对数学入迷，上大学时的理念就是先学好数学，再融合其他学科。大一时我就梦想数学可以统一各个学科，因此一有机会就选择经济学院，边学数学，边上经济和统计课程。数学是一门逻辑优美、科学严谨的艺术。数学存在着美，它是纯客观的，哪里有数学，哪里就有数学美。数学的简洁美、对称美、平衡美、稳定美、奇异美、算法美、逻辑美，美不胜收。用数学来研究其他学科，比如我的本科毕业论文是用数学来研究化学苯环的稳定性，你会感受到数学的对称美、平衡美、稳定美，体会到图论的完美匹配；用数学来研究经济、统计，测度经济现象，你会感受到数学的算法美、因果逻辑美。数学美的感悟可以震撼研究者的灵魂。有了数学功底，在经济学院1983级计划统计专业上课并不吃力，甚至可以说得心应手，只是两个系两个专业一起上，同时半期考及期考，时间排得很满，在数学系与经济学院间穿梭上课，白天、晚上上课考试交替进行，有时冲突还要去协调，虽然很辛苦但很充实，累并快乐着。每次考试后都有收获后满满的喜悦，初次与经济、统计相拥，有了很顺利的开局。在经济学院上课也是一段开心的时光，遇到了许多良师益友，得到了黄良文、陈仁恩、林擎国、林嗣明等教授的悉心指导和帮助，现在还难忘陈仁恩老师上的"社会经济统计学原理"、林擎国老师上的"国民经济综合平衡统计"、黄良文老师上的"统计学原理"。努力没有付水流，在经济学院各科半期考、期考中，我成绩大都优秀，特别是比较难考的统计专业核心的"社会经济统计学原理""国民经济综合平衡统计"等科目，成绩都不输于计统班上最好的学生。这是本科阶段经济学院第一次和我结缘，可以说厦大经济学科引领我迈入了统计学殿堂。

二、见证厦大经济统计学被授予全国唯一的统计学国家重点学科

在经济学院计划统计专业学习，有幸认识了黄良文老师，他也是我后来研究生的导师。黄良文老师早年在著名经济学家王亚南、郭大力等指导下，专攻经济学，研究社会经济统计学、数量经济学，1985年经国务院学位委员会评定为统计学博士研究生导师（是经济学院最早的博导之一），享受国务院政府特殊津贴。他在中国统计学界创造了一系列纪录：主编教材总发行量最大，超过500万册；国内用统计数学的方法研究经济问题的先行者；放弃苏联经济核算模式，采用现行GDP计算方法的最早推动者之一。黄良文老师对我帮助很大，由于我是从数学系过来念统计的，黄老师1952年厦大研究生毕业留校在经济系也教数学，后来又用数学研究经济问题，因此对我厚爱有加。他悉心指导我统计课程，系里有的工作也叫我参加，让我增长见识，增加经验和阅历。其中有一件重要的事情至今仍历历在目，那就是厦门大学统计学科参加1986年全国首次学科评估，1987年国家教委还在厦大经济学院大楼召开了统计学全国重点学科评议会，作为统计学科学术带头人和系领导的黄老师叫我全程参加评议会。

厦大统计学科办学历史悠久，学术积淀深厚。黄老师著作等身，《社会经济统计学原理》《统计学》《统计学原理》《统计学原理问题研究》《抽样调查原理》《应用抽样方法》《经济统计学》等十几部著作的总发行量超过500万册，在全国影响广泛。1978年底全国统计教学科研规划座谈会之后，受国家统计局委托，以厦门大学为主编单位的全国10所高等院

校组成《社会经济统计学原理》编写组，在《统计基本原理》（黄良文教授为主）的基础上进行精选、补充和修改，并于1979年9月出版，投入教学。钱伯海教授的专著《国民经济综合平衡统计学》从1974年作为校内教材开始使用，直至1982年正式出版，得到国家统计局及相关院校的普遍认可。在黄良文、钱伯海等老师共同努力下，厦门大学形成了政府认可的、具有中国特色的经济统计学专业，成为全国统计学科重镇。我有幸成为历史见证人，亲临现场参加全国重点学科评议会，见证了1987年经济统计学被国家教委评为全国唯一的统计学国家重点学科。

后来厦大经济统计学科再续辉煌，2001年、2007年两次蝉联国家重点学科，第三、四轮一级学科评估分别被评为全国第三和A类，2017年和2021年入选国家首轮和第二轮"双一流"建设学科，统计学（理学）专业于2019年入选国家一流本科专业建设点，经济统计学专业于2020年入选国家一流本科专业建设点，统计学专业位列厦大5个入选专业之一。在2021年发布的《软科中国大学专业排名》中，厦门大学经济统计学专业排名全国第2位。

三、感怀厦大经济学科哺育我丰富的经济知识

在本科阶段第一次和经济学院结缘后，我对经济学产生了浓厚兴趣，加上时任数学系主任林鸿庆教授的概率论博大精深，引起我对统计学更多的思考，尤其是数学与经济学融合的思考。临近大学毕业，数学系推荐我报考经济学院计划统计系硕士研究生，我就选择了黄良文教授和林鸿庆教授联合招收的统计专业硕士研究生，研究方向是经济统计。

在黄良文、钱伯海、林鸿庆、颜金锐、王美今等老师的悉心指导下，我对经济统计的领悟越来越深，对经济学院越来越有感情。厦大经济学院还推荐我参加中美经济学研究生班考试，我顺利通过了全国选拔考试，

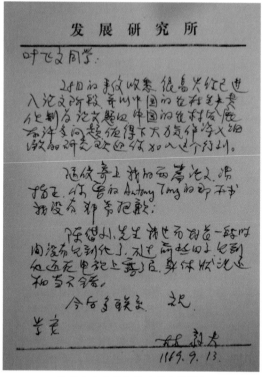

林毅夫来信复印件（作者供图）

有幸参加了由中美经济学教育交流委员会与美中经济学教育研究委员会联合举办的中美经济学研究生班学习，聆听了舒尔茨教授、刘遵义教授、厉以宁教授、吴树青教授等大师的经济学教诲，得到了系统的经济学学习训练，成绩优良并获得由中美经济学教育交流委员会主席黄达（中国人民大学校长）与美中经济学教育研究委员会主席 Dwight H.Perkins（哈佛大学经济系主任、哈佛大学国际发展研究所所长）联合签发的毕业证书，还被推荐参加了中美国际贸易研究生班学习。D.Wallace 教授的计量经济学、微观经济学，N.Stern 教授的发展经济学、增长与计划、税收与价格改革，D.Hester 教授的宏观经济学、投资组合理论，J.Guasch 教授的高级微观经济学、应用经济学，J.A.Frankel 教授的国际金融，

R.Findly 教授的国际贸易理论等课程让我至今印象深刻、受益匪浅。

经济统计研究离不开数学，黄良文教授作为全国统计学重点学科的学术带头人，身体力行，用统计数学的方法来研究经济问题，在教学和研究中都十分注意应用数学，给我们上课都详细讲解统计数学，传道受业、解惑答疑。他还担任国家教委组织的高校财经类核心课程"统计学"教学大纲和教材的主编，担任国家统计局组织的高校统计专业主干课程"社会经济统计学原理"教学大纲和教材的主编，主持"建设统计学科新体系"项目研究，对厦大乃至全国的统计教育改革和统计学科建设都做出了重要贡献。受黄良文教授影响，我在厦大经济学院写的硕士论文《要素投入与中国农业发展》，用了大量的数学模型，对经济指标和农业生产以及农业制度做了测度，校外评审教授写的评语都很好。达芬奇说过，"数学是一切科学的基础"。达芬奇画的各种动植物图、从事的每一项工作，没有哪一项不得益于数学。数学为什么是科学之王？因为数学是世界各个地方、各个民族最先发展起来的精密科学，如古希腊数学、我国古代《九章算术》。我国古代数学影响深远，大约在四五世纪，大概1500年前，成册于祖冲之之前传本三卷的《孙子算经》卷下第26题"今有物不知道其数，三三数之剩二，五五数之剩三，七七数之剩二，问物几何？答曰：二十三"。宋代数学家秦九韶进一步推广了这"物不知数"问题，德国数学家高斯在1801年《算术探究》中明确写出了上述定理。数学的本质是思维，是一种世界通用的语言。1874年马蒂生指出了孙子的"物不知数"解法符合高斯的定理，西方数学史将这一定理称为"中国剩余定理"。在硕士论文研究过程中，我尽可能用数学来测度解释农业问题、经济现象，探索中国农业发展的长期增长路径，在此过程中得到了林毅夫教授的帮助（见林毅夫先生来信）。林毅夫教授关心我的学业，知道我进入论文阶段并以中国农村发展问题为研究方向，寄来了他的两篇论文，用他在美国的研究成果和方法，鼓励我对中国农村发展问题进行深入细致的研究。在研究起草过程中，黄老师给予悉心指导。我多次在黄老师家里聆听教诲、探讨研究方法。计统系办公室也大力支持并提供机房给我，连续两周我都在机房建模和进行数据处理与运算。在研究过程中我感受到黄老师、林毅夫教授以及计统系的温暖，并顺利完成硕士论文《要素投入与中国农业发展》。

厦大经济学科对我影响很大。黄良文教授言传身教，做人做学问都是典范。耳濡目染，我也曾想当个大学教师边教书边搞研究，也曾给厦大1987级计划统计专业本科生上过"抽样调查"课程，也用数学研究了统计学的相关系数指标，发表了相关矢量研究的论文。黄老师为人特别好，我毕业好多年后出差路过厦门去看他，我们谈了大半天，他都在认真听，关键之处再点拨一下。因赶航班，我就告辞，到厦大白城后门海边等车，没想到黄老师不辞高龄，随后就赶到海边送我，让我感动得热泪盈眶。我一直都记得黄老师的生日，早年即使在出差路上，我也会发份贺电，寄上生日蛋糕与鲜花祝老师生日快乐。黄老师给我的毕业留言是"读万卷书、行万里路"，至今仍然激励着我。

胡培兆、吴宣恭等教授对我影响很大。在我继续选择厦大经济研究所攻读市场经济方向博士时，他们都很认真给我们上课，指导我如何研究经济问题，亦师亦友，让我获益良多。令我倍感亲切的是导师胡培兆教授以他特有的研究思路与我探讨经济问题，言传身教，不辞辛苦教授我研究经济的科学方法，还为我三本学术专著三次写序，扶我上马、送我一程。我的博士论文《要素投入与中国经济增长》也是用了大量的数学模型，对经济指标和中国经济增长事实以及中国经济增长路径都作了测度，校外导师盲审评语都很好，评分都在90分以上。厦大博士论文答辩时，答辩委员会评委们给予充分肯定，也都给了优秀——90多分。这篇论文得到了中国社科院专家充分肯定，美国一个学者还想把它译成英文在美国出版。在校期间以厦门大学名义在权威核心期刊发表的一些论文，如发表的《国有经济战略性重组再认识》得到吴宣恭教授的悉心指导，并被多处转载、引用。宣恭老师也热心为我两本学术专著两次写序。

我感恋厦大经济学科给了我学习统计学、经济学的机会，使我在后来的工作中受益。得益于当年打下的深厚经济学、统计学、数学理论功底，三本个人独立专著顺利出版，北京大学出版社出版了我的两本专著《要素投入与中国经济增长》《海峡经济区：中国经济新增长极战略构想》，中国社会科学院社会科学文献出版社出版了专著《中国经济区比较》。我总共发表100多篇论文，有不少论文发表在权威或核心期刊上，有多篇论文、多项研究课题获省部级一、二、三等奖。2004年我申报了正高级职称，经过多轮的评审，据当时的评委事后对我说："竞争激烈，但每一轮你的评分都是第一。"2005年4月，福建省人事厅正式发文公布我是正高级研究员，那一年我才三十多岁。后来厦大经济学院、王亚南经济研究院、信息学院、管理学院先后聘请我为兼职教授，去年上半年都已辞去。这些都是在厦大经济学科打下的坚实基础的结果，准备、蓄力与努力就是飞跃的钥匙，智者所能有限，钝者所悟无极，一切皆需辛苦而努力向上。人生需要沉潜，要像企鹅一样在学海里沉潜蓄力，顶着压力，才能一跃而上，展现跃出海面的壮观。

四、支持厦大经济学科建设

毕业后我一直关心厦大经济学科建设。为了充分发挥厦大经济学科的作用，2019年3月，我选择与厦门大学经济学院联合举办一场十分重要的全国理论研讨会，并组织工作专班开展筹备工作。6月盛夏时节，凤凰花开，在这生机盎然的季节，福建省发改委联合厦门大学经济学院、王亚南经济研究院在厦门大学经济楼举办的"学习践行习近平新时代中国特色社会主义经济思想研讨会"如期而至，国内经济领域知名专家学者、部分实际工作部门负责人、基层代表、福建省发改委处室代表以及福建省九个设区市和平潭综合实验区发展改革部门负责人及相关人员、厦大师生代表参加了研讨会，新华社、光明日报社、经济日报社、中国改革报社、福建日报社、福建电视台、东南网等部分中央和省主流媒体记者应邀参会并做报道。研讨会涵盖习近平新时代中国特色社会主义经济思想的实践根源、科学内涵、理论创新和时代意义四个主题，分上午、下午两场演讲，多位著名专家学者发表见解并交流研讨。研讨会由我（省发改委党组成员、副主任、研究员）致辞并做主旨演讲，结束时做总结发言。邀请来中国人民大学校长、国务院学科评议理论经济学组召集人、教育部经济学类专业指导委员会主任委员刘伟教授演讲《习近平新时代中国特色社会主义经济思想的内在逻辑》，中国社会科学院经济政策研究中心郭克莎主任演讲《学习习近平新时代中国特色社会主义经济思想的几点认识》，中国社会科学院经济研究所原所长（全国政协委员）裴长洪演讲《习近平新时代中国特色社会主义经济思想的主题》，中国人民大学经济学院院长刘守英教授演讲《乡村振兴与乡村现代化——学习习近平总书记〈乡村振兴是三农工作的总抓手〉的体会》，人民日报社理论部部务委员、经济社会编辑室主编张怡恬演讲《习近平新时代中国特色社会主义经济思想的原创性贡献》，复旦大学马克思主义研究院副院长周文教授演讲《习近平新时代中国特色社会主义经济思想与经济学基本范畴重构》，厦门大学经济学院与王亚南经济研究院院长洪永淼教授演讲《"人类命运共同体"的经济学基础》。总计12位专家演讲，还有2位基层干部报告了典型实践案例。我主旨演讲《习近平新时代中国特色社会主义经济思想源于实践和对实践的深度总结》。《福建日报》理论版专版刊登了演讲主要内容并做了综述报道。研讨会提升了厦大经济学科的影响力和知名度，中央有关单位也给予肯定。

毕业后，我依然经常关注厦大经济学科的发展，与经济学院保持联系，有时还跟经济学院、信息学院、数学科学学院老师及研究生座谈，交流学习体会。我还数次到厦大经济学院、数学科学学院统计学专业调研，希望实际工作部门能与厦大统计科研对接，统计学科毕业生也能到全省统计系统工作。在实际工作岗位，我都在用厦大赋予的功底努力工作，为福建争取荣誉。我参加了2017年5月14—15日在北京举行的首届"一带一路"国际合作高峰论坛（29位外国元首、政府首脑以及联合国秘书长等参加）；参加了2019年4月25—27日的第二届"一带一路"国际合作高峰论坛（37位外国元首、政府首脑以及多位国际组织负责人参加），习近平总书记出席开幕式并发表主旨演讲。由于福建是中央确定的"一带一路"核心区，外交部在两届高峰论坛前都为福建在峰会新闻中心举办了两次专场新闻发布会，两次都是由我代表福建发布。首届、第二届"一带一路"国际合作高峰论坛中外媒体发布会上，我都围绕海上丝绸之

第二届"一带一路"国际合作高峰论坛中外媒体发布会上照片（作者供图）

路核心区建设进行发布，并用厦大经济学科给予的知识回答中外记者各种提问。新华社采编的第二届"一带一路"国际合作高峰论坛中外媒体发布会上我的发布内容《福建：推动21世纪海上丝绸之路核心区建设高质量发展》24小时浏览量就突破69万人，在高峰论坛期间形成小热点。

在工作上，我也一直支持厦大经济学科建设。2020年1月，省发改委到厦大调研座谈，与厦大张彦书记、张荣校长研究省里支持厦大事项。张彦书记也在当年春节前带队来访，省发改委由我牵头负责，各处室提出支持意见，与厦大叶世满副校长对接。省发改委在继续支持厦大新能源材料工程研究中心、纳米材料制备技术国家地方联合工程研究中心、福建能源材料创新实验室，以及协调1500万元支持高超声速航空动力研发项目、新型先进空天动力工程研究中心等基础上，支持厦大经济学科两个方面建设：支持厦大中国高质量发展研究院依托计量建模与经济政策研究基础科学中心、教育部厦大计量经济学重点实验室、宏观经济研究中心，与省发改委合作共建智库，合作开展"十四五"高质量发展研究、闽台融合发展研究等，每年选准合作研究的重大课题开展系列研究；支持厦大中国营商环境研究中心深入推进营商环境评价工作，继续安排专项经费支持开展全省营商环境研究和评估工作，不断改善营商环境。

21世纪中国经济风生水起、气象万千，厦大经济学院任重道远。成为其中的学子，我倍感荣幸，经过数载寒窗苦读，在学海中沉潜，增长智识。人生需要沉潜后的寻求飞越，学成毕业在祖国各行各业贡献自己的力量，必将为绚丽多姿的中国经济研究增添又一道亮丽的风景线。

为何青山要有泉？泉聚小溪，小溪流成河，河汇入大江，奔腾向海，这是水到渠成的过程。只有积小流才能汇成江河，聚累土才能成就高山。人生需要沉潜，准备、蓄力与努力就是飞跃的钥匙。肥胖的企鹅都知道借水的浮力一跃上行，懂得借力上行，只要努力，我们终能飞越到成功彼岸。

问道五老峰
得师李秉濬

◎ 刘奇凡

男，厦门大学经济学院经济学
系政治经济学专业 1984 级本科
生。现为辽宁省委常委、省纪委
书记、省监察委员会主任。

1984年9月，我考入厦门大学经济学院经济学系政治经济学专业，从贵州深山走向福建沿海，来到五老峰下，住进芙蓉湖畔，开启经济学求知之旅。回忆当年自己的大学生活，平淡如静水，可写的不多，却有一份独特的师生缘……

名师引路

　　大学第一次上课，见到讲台上一位身材清瘦、气质儒雅的中年老师，他先向大家作自我介绍，并用粉笔在黑板上写下自己的名字：李秉潜。

　　秉潜老师教我们的课程是"政治经济学"。以当时我的人生阅历和认知水平，学这门课程是比较吃力的。他从劳动创造、社会分工、等价交换、商品价值等基础知识讲起，一点一滴地给同学们植入经济学概念。他既严肃认真，又风趣活泼，展现了十分深厚的学问功力和很强的讲解能力。

　　开学不久，本系1983级的吴国徽同学向我介绍，他们班也是由秉潜

李秉潜老师在查阅资料（作者供图）

老师上的第一课。据他所知，秉濬老师是经济学系最严格、最有学问的老师之一，为人正直，学问功夫精到，文章简短精辟。他靠着在校教学多年的积累，恢复高考后很快成为副教授，是校园公认的好老师。

在秉濬老师的引导下，我似懂非懂地听，囫囵吞枣地学，算是与经济学结下了缘。随后的学习中，秉濬老师反复讲，学习和分析经济学问题，要像剥竹笋一样，一层一层地深入下去，直到发现最终的精华。课堂上，秉濬老师多次举例引导我们，要透过现象看本质，掌握抽象思维方法。秉濬老师的讲课，严密得让人崇仰，严谨得让人敬畏。

记得政治经济学科目的半期考试，系里老师对我们班同学的考试成绩和答题情况进行评估，总体感觉我们班同学的逻辑思维能力不如上一年级的同学。班主任陈永志老师组织全班同学进行总结，并用激将之法说："我们天资不如人家，唯有更加勤奋才行。"我这才知道，原来天资是用逻辑思维能力来衡量的！也是此时，我初步体会到了秉濬老师启发我们学习、掌握抽象思维方法的重要性所在。受此激将和启发，大学期间，我们班的同学读书很勤奋，成绩都不错，涌现出郭荣东、荆林波、陈建等佼佼者。

接下来的学习中，我开始学习理解秉濬老师在讲授中运用的抽丝剥茧的思维方法、由浅入深的逻辑推导过程，逐步摸索进入经济学的门径。后来，我听一些老师讲过几次，厦大经济学科的开创者是我国马克思主义经济学家、教育家王亚南。经济学院有不少名师，秉濬老师是其中的名师之一。系里安排秉濬老师这样的名师，给我们新生上第一门专业基础课，是让我们入学就能迈出高起点的第一步。

食堂解惑

第一学期即将结束，就要进行期末考试了。秉濬老师把一学期讲的内容进行回顾和梳理，提出知识重点，提了复习要求。他对我们说，如有不懂的地方，临考前一天的下午，他会专门到芙蓉二旁边的食堂继续给我们辅导。

复习之后，我说不清有什么不懂的地方，却很想得到这一向秉潏老师当面请教的机会。临考前一天下午3点左右，我走进食堂时，秉潏老师早已坐在我们平时就餐常用的一张普通木桌旁，正用他讲课时常带的大杯喝茶，等着学生的到来。一会儿，范春平同学也来了。我俩与老师打过招呼，便开始提出问题。

春平同学提的问题，秉潏老师听得清楚，讲得仔细，我也跟着受益。等到我提问时，出现了尴尬的情况：秉潏老师竟然听不清我的问题！原因是我的普通话说得太差了。老师便问我家乡是哪里的。听我说是贵州的，当即用略带闽南口音的贵州话对我说："你们贵州我去过，当年开展'四清'运动，我同厦大的几位老师一起，到贵州黔东南凯里一带，到农村与群众同吃、同住、同劳动。现在你用贵州话问，我听得懂。"我大感意外，真的用贵州话问了起来，秉潏老师也很流畅地给我讲解。

当天的问答持续到下午5点左右，内容已不限于课程所学。我请教的问题不少。比如某些邮票的劳动价值不高，交易价格为何很贵？我得到了秉潏老师耐心细致的解答。个别在当时来说比较敏感的问题，比如苏联的社会主义与我们的社会主义到底有什么本质的区别，也得到了他正确的、客观的思想引导。辅导结束前，秉潏老师给我们举了一个例子，对我们分析经济现象、认识经济问题的思维方法，再次进行点拨。当天辅导时，秉潏老师信手引用一些学者在学术期刊发表的文章观点，激起了我对学术期刊的兴趣。这次辅导过后，我到阅览室、图书馆阅读《中国社会科学》《经济研究》《经济学动态》《经济学文摘》等学术期刊的兴趣越来越浓。

品茶点津

到了大学四年级下学期，我们都已修完主要课程，实习过后不久，老师就安排我们写毕业论文。报了选题上去以后，学校安排秉濬老师具体指导刘学忠、张清和我三名同学的毕业论文写作，让我再次得到秉濬老师当面指导。

怀着对秉濬老师的崇敬之心，我阅读了不少文献，反复思考提纲，认真提炼观点，用心组织文字，花了一个来月的时间完成了1万字左右的初稿。修改了几次，自己觉得拿得出手之后，才敢交上去让秉濬老师审阅。

过了十来天，秉濬老师突然相约，请我晚上品茶。上学时，我们都知道福建人爱茶，惯常用比我们家乡的小酒杯还小的杯子品茶。秉濬老师是福建永春人，在第一学期的课堂上，曾以茶为例讲解劳动、生产、价格的问题，给我们介绍过铁观音等乌龙茶名茶。永春正是乌龙茶的原产地之一，他自然深知品茶之道。当时，学生之间相约品茶之事偶尔会有，教授请学生品茶之事难得一见。接到秉濬老师的邀请，我既惊喜不已，又忐忑万分。

当天晚上，我们在校园附近的茶舍见面。泡上茶以后，秉濬老师与我交流毕业论文的问题。我选的毕业论文题目是《地方政府经济行为初探》，在当时属于比较新的课题，本来自己很有信心，听到老师约见，不免有些担心。

意外的是，品茶之时，秉濬老师一直没有讲我的论文哪里行、哪里不行，反而多次讲到张清同学的论文写得很好。我向他请教张清的论文优点，他说张清的文章吸收了东欧经济学家的思想和观点，研究中国当时面临的问题，中西结合好，文笔也流畅。我比照了一下，觉得自己的论文吸收西方学者的观点较多，结合国内经济体制实际的东西略显不足，决定回去再做修改。

师生二人夜谈，气氛比较轻松，内容相当丰富。喝的什么茶、品的什么味，早就忘了，老师的话却记忆犹新。秉澄老师说，读书做学问，既要学会洋为中用，又要能够古为今用，善于中西结合、古今结合，注意防止食洋不化、食古不化。他认为，在这方面，当时中国做得最好的学者是钱钟书。这是我第一次听人介绍钱钟书，此前我从未读过钱钟书的文章和书籍。我们上大学的20世纪80年代，正值改革开放前期，崇拜西方思潮的人多，批判我国古代传统文化的人也很多。听了秉澄老师的话，我突然感到自己的身上，同样存在着重视西方经济学、轻视中华传统文化的问题。

临近毕业，同学都在担忧就业问题。一些同学有专业悲观思想，总认为政治经济学不如财政、金融、会计等专业吃香，害怕将来不好找工作。我向李老师请教，以解大家的困惑。他说财政、金融、会计这些专业都好，但最好的应该是政治经济学专业。因为打好政治经济学的综合知识基础，毕业之后从事什么工作都很容易学会，能很快地适应。这一番话，大大增强了我的专业自信心，让我初步明白了用四年时间学习政治经济学的宝贵价值。

一路受益

毕业之后，我凭着在校期间的知识积累、思维训练和写作基础，完成一篇命题论文，通过了贵州省经济体制改革委员会陈谨之主任的严格挑选，获得了从事政策研究和经济改革的工作机会。

工作之初，一方面，我保持在大学时期的读书习惯，继续阅读相关经济学期刊，并利用工作机会，参与各种调查研究，丰富自己的实践体验；另一方面，我时常想起秉澄老师同我的谈话，注意阅读钱钟书、季羡林等大家的文章，并找来一套四册《大学语文》教材，从一些古文名篇和唐诗宋词学起，努力丰富自己的中华传统文化内涵。

正如秉潜老师所言，打牢了政治经济学的综合知识基础，承担什么任务都能很快上手。在贵州省经济体制改革委员会工作的6年时间里，我的经济学专业能力得到了充分发挥和巩固提升，跟着领导撰写调研报告，起草政策文件，参加会议讨论，逐步成长起来。那几年，我也比较注意"洋为中用、中西结合"的问题，努力学习和吸取发达国家经济发展的成功经验。

1994年之后，我先后调入贵州省政府办公厅、省委办公厅，承担省委、省政府主要领导的文稿和许多重要文件的起草工作，从事文字工作18年。在此期间，2002年前后，一度遇到了文字写作能力和思想提炼水平的上升"瓶颈"。一位早年从事文字工作的领导指点我，不妨读一读司马迁的《史记》。我学习了一段时间的《史记》，参考一些学者的写作心得，特别是重读《毛泽东选集》之后，文字写作水平有了质的提高。我在学习中发现，毛主席和许多知名学者的文章，大量吸收我国传统文化的智慧。那些日子，我不时想起秉潜老师"古为今用、古今结合"的箴言。

2016年10月，组织上安排我到内蒙古自治区从事纪检监察工作，工作地域、专业知识的转换跨度都很大。进入新岗位，我以习近平总书记关于党风廉政建设和反腐败斗争的重要讲话精神武装头脑这一根本要求，努力在实践中学习监督方法，增强办案能力，留意阅读古人的反腐思想，悟到历朝历代的贤臣和清官有着不少"秉公执法、惩恶扬善"的事迹，大大增强了我当好纪检监察干部的自信心和定力。2019年6月，我在《学习时报》发表了一篇5000字的学习心得——《感悟习近平总书记讲话的中华文化底蕴》，从习近平总书记的讲话中学到许多名言警句、历史典故和古人智慧，让我更加坚定了执政为民的自信心，更加增强了反腐斗争的工作自觉性。

回望感怀

一个人年轻时的幸运在于：上心仪的学校、读热爱的专业、遇最好的老师。于我而言，进入厦门大学是第一大幸，遇到经济学系的那么多好老师，是幸中之幸！回忆我的大学时光，入学时得到秉濬老师的引路，毕业前又得到了秉濬老师的悉心点拨，既有幸，又有缘！厦门大学经济学院那么多像秉濬老先生这样让人终身受益的好老师，一定书写过无数引导学生、育人成才的感人故事。

母校是我们的心灵家园，说透了全在一场师生缘、一份同学情，每一位传道、授业、解惑的老师让人惦念，每一位留校同学的坚守让人温馨。万分感谢鸿德同学的相约，勾起了我对大学历历往事的回眸。

三十八年过去，弹指一挥间。回首过往，凭窗有感，谨赋小诗一首："五老峰下学经济，芙蓉湖畔结初心。黔中弟子夜问道，得师一语解迷津。"

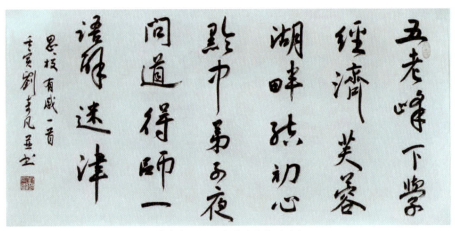

作者书写的七言诗（作者供图）

厦大经院

我人生轨迹和学术生涯的转折点

◎ 洪永淼

男，厦门大学经济学院经济学系 1988 届硕士研究生。现任中国科学院大学经济与管理学院院长，曾任康奈尔大学经济学与国际研究讲席教授、厦门大学王亚南经济研究院创院院长、厦门大学经济学院院长。

引理入经，初识经济学

1985年，我在厦门大学物理系本科毕业后，以第一名成绩考上本系硕士研究生。当年本科选择物理专业，主要是因为高考各科成绩中，物理分数最高，然而我的大学时代刚好处于全国以经济建设为中心的大环境，尤其是厦门作为经济特区，经济建设如火如荼，我对经济学便萌生了浓厚的兴趣。

同年，在美国普林斯顿大学经济学教授邹至庄等著名海外经济学者的推动下，当时的国家教育委员会和美中经济学教育与研究交流委员会在中国人民大学设立了"经济学培训中心"，聘请美国和加拿大经济学教授为来自国内18所高校的硕士研究生讲授现代西方经济学，主要是宏观经济学和微观经济学课程，并提供英文版教科书，每期培训一年。首期培训班厦门大学经济学院只考上3人。第二年，时任厦门大学经济学院首任院长的葛家澍教授决定扩大考生范围，鼓励理科硕士研究生报考，我也借由这个"引理入经"的机会参加了选拔考试，并如愿考上第二期培训班，从物理学专业转到经济学专业。第二期培训班共有54位学员，其中厦大人数最多，有11名，其中8名是理科生。

1986—1987年，我在中国人民大学经济学培训中心学习，并担任第二期培训班的学习班长，因此有较多机会接触外教。1987年夏季，我有段时间每天早上要去西苑饭店接时任美国加州大学圣地亚哥分校（UCSD）经济学系主任 Ross Starr 教授到人大校园上课。他给我们上了两星期的价值理论专题课程，我就在那段时间跟他熟悉起来。后来我申请出国攻读博士学位，请他帮忙写推荐信，并因此获得 UCSD 经济学系提供的全额奖学金。

还有一位也给我写推荐信并且为我出国留学提供经济担保的老师是美国科罗拉多州立大学经济学系范良信教授，他当年在春季学期到中国人民大学给我们讲授宏观经济学和发展经济学。范老师是美籍华人，在鼓浪屿出生，听说我是厦门人，他感到非常亲切。我因为担任班长，经常要联络老师，所以常去拜访他。我人生第一次喝茅台酒就是在范老师所住的友谊宾馆里。当时，北京市的一位领导宴请他，他将没喝完的茅台酒带回友谊宾馆，用来招待拜访他的客人。一天傍晚，我在他住处喝了两小杯茅台酒，当天晚上自修时便在教室睡了过去。范老师曾在1987年访问过厦大经济学院，并在他人生的最后两年，应邀到厦大经济学科给本科生上课。很遗憾的是，2016年夏天，他在结束厦大讲学回美时，突感身体不适，一到机场，就被直接送到医院。诊断结果出来，已是癌症晚期，不久便去世了。第二年，我特地飞去科罗拉多州柯林斯堡市，参加纪念他的追思会，并与他的家人一起，将他的骨灰撒在柯林斯堡市郊一个美丽、清静的湖畔。

1987年7月，洪永淼（第三排左六）参与中国人民大学经济学培训中心第二期毕业留念（作者供图）

在北京一年的学习中，国际前沿的课程设置与全英文的授课方式为同学们打下了扎实的经济学基础，提高了同学们的英文水平。对我而言，与经济名家的直接接触更加深了我对经济学的理解，不仅为我之后出国攻读经济学博士学位创造了条件，也笃定了我继续在经济学领域钻研的信念。

培训班学习结束后，我便回到厦大，继续完成我的硕士研究生学业。厦大经济学院办公室科研秘书洪淑芬老师热情地为我介绍专业和导师。当时，葛家澍院长希望我跟随他攻读会计学，可惜当初我对会计学这个学科的认识严重不足，放弃了这个宝贵的机会。在洪淑芬老师的帮助下，时任经济学系主任的李绪蔼老师接纳我为经济学系的硕士研究生。我一开始想跟随常年居住在香港、时任香港经济导报社社长的陈可焜教授，但后来没有着落，李绪蔼老师便把我推荐给黄志贤老师，跟随黄老师学习经济学说史。我在经济学系学习了一年时间，其间，上过李绪蔼老师的《资本论》课程，这门课需要阅读马克思《资本论》第一卷原著。李老师至今还记得，他给我这门课的成绩是85分。我也上过黄志贤老师的西方经济学流派课程，黄老师主要讲授现代西方经济学流派，课件内容主要是英国《经济学人》杂志上的连载文章，我从中学习到很多研究西方经济学的理论与方法。在写作硕士论文期间，我还阅读了瓦尔拉斯的《政治经济学的数学原理》以及马歇尔的《经济学原理》等经济学名著。

要游目骋怀，更要止于至善

回想起在厦大的生活，在思想上"游目骋怀"，在行动上追求"止于至善"，是我从学习和实践中汲取的智慧。

在我读书的年代，学生转专业非常困难。那时，葛家澍院长针对经济学科的生源都是文科生的状况，在全国率先"引理入经"，体现了他在学科建设、人才培养上超前的办学理念。我是葛家澍院长"引理入经"政策的直接受益者，这改变了我的学术方向和人生轨迹。他前瞻性的目光与国际化的视野，是我们后辈需要学习、继承并发扬光大的。

治学上，黄志贤老师对我后来的学术生涯起着重要的启迪作用。我在经济学系师从黄老师学习经济学说史，他对我的指导教育以及他的治学精神，始终让我铭记在心。不像如今厦大经院的老师都有固定的办公室，当时厦大学生想找导师求教，通常是到导师家里，甚至一些老师的上课地点也在家中。那时还没有电话，我每次去找黄老师都是事先未打招呼直接前往。黄老师家的保姆陈阿姨和蔼可亲，每次都笑眯眯地为我开门。不管黄老师在干什么，我去了后他都会停下来跟我讨论问题。有时候刚好碰到黄老师在休息，陈阿姨就让我在他家客厅喝茶等候，黄老师休息起来后也会马上指导我，诲人不倦。2019年初，黄老师病重住院期间，我到厦门市第一医院看望他。当黄老师小女儿贴近黄老师耳旁说我来看他时，黄老师便睁开眼睛看着我，但已经不能说话了。据他小女儿说，他那时已经很长时间不睁开眼睛了。

读书期间，黄老师对我当时提交的硕士论文稿，逐字逐句地进行审读并修改，几乎每个字都到了"推敲"的地步，这种严谨的治学态度对我之后的学术研究与论文写作产生很大影响。我在 UCSD 攻读经济学博士学位时，主导师是赫伯特·怀特（Halbert White）教授，他与黄老师一样，治学非常严谨。他不仅在教学上严格要求，在文字上也非常较真，包括省略号点几点他都会数。这种严谨细致的学风马上让我想起了黄老师。我想，这就是厦大校训里所说的"止于至善"的精神。怀特教授2010年应邀访问厦大经济学科，参加"计量经济学模型设定检验30周年"国际学术研讨会。参加研讨会的还有怀特教授在麻省理工学院（MIT）的博士生导师 Jerry Hausman 教授，以及几位国际主流计量经济学期刊主编，包括 *Econometric* 的联合主编 Whitney Newey，

2010年"计量经济学模型设定检验30周年"圆桌会议（作者供图）

Journal of Econometrics 联合主编萧政，*Economtric Theory* 主编 Peter Phillips，*Econometrics Journal* 主编 Richard Smith 等。萧政教授在2005—2020年期间几乎每年都会到厦大经济学科讲学。他说，这些计量经济学期刊存在竞争关系，从未在国外看到这些主编同聚一堂。

在经济学院读硕士的一年里，我接触的教师和学生不多，其中接触较多的是经济学院办公室科研秘书洪淑芬老师，她虽然也姓洪，但与我非亲非故。洪老师非常热心善良，当她得知我在第二期培训班入学考试中取得了全国总分第一的好成绩时，她马上将我的情况汇报给葛家澍院长。葛老师随即在他的办公室接见我，鼓励我到北京好好学习，回来后为厦大经济学院做贡献，并告诉我在培训班学习结束之后，有问题可以去找他。葛老师当时给我的印象是非常精神、干练。在我培训结束回到厦大后，洪淑芬老师积极帮助我寻找合适的导师，使我顺利从物理学专业转到经济学专业。2021年重阳节当天，我和退休多年的洪老师通了电话，她在电话里还像当年在厦大一样，叮嘱我要注意这个注意那个。她是一位热心、正直、可亲、可敬的老师与长辈。

厦大校训中的"止于至善"，于我而言，不仅寓意在做事上要不断追求更好，而且还代表着对学生不求回报的善意关爱。我在没有任何社会资源的学生时代，得到了许多老师的特别关注和鼓励，这极大地鼓舞了我以学术为志业的信心，也深刻影响了我的为人处世之道。后来走上教师岗位，有很多学生与朋友通过各种方式联系我，我只要有可能，都会尽力帮助。我想这跟我在经院的求学经历有很大关系，我始终记得经院老师们曾给予我的无私帮助和鼓励。

创办王亚南经济研究院，经济学教育的改革实践

2002年，清华大学经济管理学院聘请一批已在海外获得终身教职的海外学者为特聘教授，他们每年到清华大学工作3个月，给清华大学经济管理学院的博士生开设基础课程和前沿课程，在短时间内迅速提升了研究生教育水平，特别是在课程设置方面与国外一流研究型大学基本接轨。在我担任清华大学经济管理学院特聘教授期间，2004年8月10日晚上，时任厦大校长朱崇实到北京与我长谈了3小时，力邀我回母校服务。在那之前几年，我父亲生病以及后来去世，时任厦大党委书记王豪杰和副校长朱崇实给予了很大的帮助和关心，我是怀着感恩的心情辞去清华大学经济管理学院特聘教授职务，回到母校筹建王亚南经济研究院（WISE）的。我之前经常访问厦大，当时与国内一些高校相比，厦大经济学科在课程设置、研究范式和国际交流等方面相对落后，因此在考虑回母校工作时我有一个担忧，即担心能否将WISE建成国内领先的经济学教育与研究机构。朱校长鼓励说，若是遇到什么问题，随时都可以找他。长达10多年的时间里，朱崇实校长一直给予王亚南经济研究院最坚定的支持。

后来的实践证明，厦大创建王亚南经济研究院是有战略眼光的，是成功的。这主要归功于厦大领导、部处机关以及经济学科广大师生的支持。那是一段充满激情与活力、累并快乐着的难忘时光。

从2005年开始，厦大经济学科办学便逐步实现几个重要的转变。

第一，转变了办学理念，立足中国国情、厦大特色，借鉴世界先进的学科建设经验来提升厦大经济学科的学科建设。比如，当时厦大经济学院毕业的研究生大多数在业界和政府部门工作，在学术领域深造的相对较少。在学生培养特别是博士研究生培养中强化学术导向之后，现在厦大经济学科到高校任职的毕业生越来越多，他们能够产生具有原创性的理论创新成果，提升了厦大经济学科的学术影响力。

第二，引培并举，打造了一支具有国内外学术竞争力的国际化师资队伍。受过现代经济学系统训练的优秀学者，能增强厦大经济学科的教学与研究实力。引进人才，需要争取并提供足够的物质基础与条件，因为一流人才是不可能用二流待遇吸引来的，即使来了，也不会长久安心留下来。

第三，研究范式实现了根本性的转变。厦大经济学科从之前以定性研究为主的研究范式转变为以定量研究为主。当今是数据密集型的时代，以数据为基础的实证研究范式正在兴起，这个转变提高了厦大经济学科学术研究的规范性和质量，顺应了现代人文社会科学发展的潮流。

第四，提高了人才的培养质量。改革之后，厦大经济学科对学生的训练十分严格，除了完善科学的课程设置外，还拥有一套严格、系统的全过程人才培养制度。举一个例子，在全国高校推行专业硕士教育的时候，绝大部分高校的专业硕士学制是两年或者两年半，厦大经济学科坚持专业硕士的学制为三年。名义上是三年学制，但由于第三年绝大多数学生已离开学校去实习了，实际上只有两年的学制。市场是具有鉴别能力的，人才市场上曾有"大小硕士"的说法，用人单位可以通过人才质量识别到，学制三年的专业硕士，相较于更短学制的硕士，基础普遍更扎实，发展潜力更大。教育改革与实践是需要定力的，要对学生进行严谨训练，才能保证人才培养的质量。

第五，建立一套严格的学术管理制度，坚持用制度管人。过去15年，厦大经济学科建立了一整套规章制度，并形成一种学术文化，培养了一支高效专业的行政技术队伍，确保整个学科的教学、科研、对外交流能够顺利运行。

我在厦大度过了7年的学习时光，后来又在厦大工作了15年，浓浓的母校情结一直未变。我不会忘记，是厦大经济学院提供的转专业机会，改变了我的人生轨迹和学术生涯；是母校的召唤与信任，让我有了锻炼学术管理能力的舞台。正值经济学院成立40周年之际，我祝愿厦大经济学科更上一层楼，再创辉煌！

厦门大学
启我学术之航

◎ 李金昌

男，厦门大学经济学院原计划统
计系 1986 级硕士研究生。现任
浙江财经大学党委书记。

我于1986年9月—1988年7月就读于厦门大学计划统计系统计学专业全日制研究生班，全班14人。两年中，曾给我们上过课的老师有钱伯海、黄良文、罗季荣、吴玑端、林鸿庆、高鸿桢、林文锋、王美今、崔盈达等等。我本科就读于杭州商学院（现浙江工商大学），学统计学专业，研究生毕业后就先回去当老师了（学校专业教师紧缺，所以我是由杭州商学院委培的），边工作边完成硕士论文，于1990年8月获得硕士学位。之后，我又于1999年12月在职申请获取博士学位。硕士论文、博士论文的指导老师都是黄良文教授，论文主题都是关于抽样调查的。

考研于我而言并非初心，一是觉得一个农村孩子能读大学就不错了，怎敢奢望读研？二是因为自己的英语水平实在太差了（考大学只考了几分，而且大部分是蒙对的），怎么考得上？所以，1985年放暑假（大学本科三年级结束）时我都没有考研的打算。我们本科班有48个同学，当时打算考研的同学有一半左右。我是班长，也是班里第一名党员，所以有同学跟我说：班长也应该考研，要起带头作用，哪怕考不上，也至少对考研同学有鼓励作用。我一想有道理，所以已经回家（义乌）的我又返回学校，目的只有一个，就是去找暑假留校且不考研的同学借新英汉词典、英语教材、英语语法用书。我这个人有个特点，一旦下定决心，就会100%用心。我把借来的各类书的页数，按暑假剩下的天数一除，就是每天要完成的任务。整个暑假，每天从早到晚，除了英语就是英语，不完成任务决不休息。暑假结束回校，我的英语有明显进步，增添了自信。

得遇良师，乃人生之大幸也！我在不同求学阶段，都有幸得遇良师。我的厦大之缘，以及以后的学术之缘，就因为有幸遇上了黄良文这位良师。大四上学期开学不久，学校邀请厦大黄良文教授来校讲授基本建设投资统计学，我有幸聆听了黄老师精彩的课，课间还向他请教了有关问题，收获很大。我原打算报考财经类高校的研究生，觉得考上的可能性大一点，而厦大的统计学当时就已经是全国的一面旗帜，让我觉得高不可攀，并且据说厦大一般不招外校的。但我心里其实很向往厦门大学。随着填写报考志愿时间的临近，我甚是着急。为了不让自己抱憾，我鼓足勇气，本着试试看的心态，给黄良文老师写了一封信，请教基本建设投资统计学中的一些疑问并咨询有关考研事宜。没想到，黄老师很快就给我回信了，除了解答有关疑问，还鼓励我报考厦门大学。这极大地增强了我报考厦大的决心。几经思考，我最终决定报考厦大统计学研究生，大有"不成功便成仁"的气概。

我们那年的考研时间是在春节过后2月中旬的头几天。我记得寒假只在家呆了两天，大年初一就回学校了。某天大雪纷飞，我一人在寒冷的教室里备考复习的场景还历历在目、记忆犹新。考研结束，我就发烧生病了，因为实在是太累了。好在年轻，调整几天就恢复了。接着，大学的最后一个学期也开学了，先是为期一个月的毕业实习，然后回校上课、撰写本科毕业论文。春暖花开的季节，也是考研同学耐心等待考研结果的季节。到了4月上、中旬，同班有4名同学先后接到了有关高校的复试通知书，包括一名与我一起报考厦大统计学研究生的同学，而我却没有收到任何消息。我当时想，自己肯定是因为英语水平不够而没戏了，心情不好的状态持续了好几天。正在我不抱任何希望的时候，有一天系领导突然找到我，说收到厦大的来信，要调阅我的档案看一看。我当时的反应是，难道我只要本科期间表现优秀就不需要复试而直接被录取了？因为除了英语没有把握，我感觉数学和两门专业课考得都不错。事实是，我英语没有达到国家规定的50分这一最低线，只有46分，但另外几门课的总分在所有考生中名列前茅，其中数学是第一名。厦大当时有一定的自主权，可以在对考生进行综合评判的前提下，对其中一门课程的考试成绩比国家标准最多下浮5分。所以我很幸运，经过调阅档案和面试，与另一名同学（英语45分）一起被破格录取了，成为厦大1986级计划统计系统计学专业研究生。

1988年11月摄于厦门大学校门（作者供图）

  在这里不得不说一下面试期间的故事。当时交通不便，我从杭州坐火车，就算是快车，也要30个小时。头一天一早出发，第二天下午才到。记得接到复试通知后，我与同班另一名同学就赶往期盼已久的厦大，一路上那个拥挤，至今不可言喻。到厦大后，住在大南校门左边的招待所，上下铺，住七八个人。住下后，我们就去拜访黄良文老师，转交杭州商学院老师给黄老师的信件。黄老师热情接待了我们，询问了我们复试准备情况。在交谈中，我们才得知复试还要考时事政治，但我们却毫无准备。那一年，黄老师的女儿报考了厦大的会计学研究生，也正在准备复试。当黄老师得知我们没有时事政治复试资料后，就让他的女儿把手头自己正在看的资料借给我们，让我们晚上好好看，第二天一早再还回去。这样的胸襟，怎不让人牢记在心、记挂终身？

  1986年9月，我们如期到学校报到。我被安排在凌云一号楼的顶楼

7楼住宿，应该是705号房间，上下铺床架，上面放物品，下面是床位。四个人住，专业、年级都是打乱的。凌云楼一共有三幢，都在半山腰上，并且都是单面设计，窗户朝北，门朝南，出门就是一条长廊，住在7楼虽然上下楼不太方便，但却直面大海，随时可以远观蓝色的海面以及海上经过的各种轮船，一览无遗。所以，每天最开心的事就是晚饭时分，大家打好饭、端上楼，坐在长廊上，边吃饭、边观海、边聊天。按照现在的说法，我们免费住了两年海景房。

随着研究生学习生活的深入，我发现自己本科阶段课外阅读量太少，学术功底很弱，与其他同学相比，差距很大。经常听到同学们在宿舍长廊上讨论各种社会热点问题，特别是经济体制改革、对外开放等方面的话题，引经据典，滔滔不绝，有时还争得面红耳赤，而我却一句话都插不上，因为很多概念我都不太明白其内涵，至于什么理论、流派更是摸不着头脑。有关课程的课堂讨论，我也是不敢吱声。归根结底，是因为自己肚中"墨水"严重短缺——当年6月，匈牙利经济学家科尔内的《短缺经济学》（中文）一书刚好由经济科学出版社出版，在学界产生了巨大影响，"短缺"一词瞬间流行。怎么办？唯有下功夫、补短板。所以我强迫自己一有空就往系资料室、校图书馆跑，恶补式地阅读经典名著、报纸期刊等文献资料，抄录有关自认为重要的段落、观点、语句。当时根本没有什么电子文献下载之类，复印费也付不起，全靠手抄。一年下来，文摘卡片就排成了长长的一条，有些资料则记在了本子上。这样的学习，对自己拓展视野、培养学术兴趣起到了积极的作用。

1987年上半年，中国统计学会和国家统计局统计科学研究所联合发出通知，面向全国中青年统计学者征文，入选者将被邀参加于8月底由东北财经大学承办的第一次全国中青年统计科学研讨会，部分优秀论文将在《统计研究》上发表。在同班李姓、张姓同学的影响下，我也写了一篇文章去投稿，题目好像是《国民经济宏观监测预警指标体系初探》，稿件寄出不久就放暑假了。8月下旬我从义乌老家返回学校，收到了论文入选研讨会的通知。可是还没来得及高兴，就发现会议报到之时正是我收到信件之日。张姓同学比较灵活，马上征得系领导同意，让其第二天乘飞机前往大连参加会议，而我没有这个意识，只是默默地收起会议通知，放入抽屉。我的第一篇外投稿就这样悲壮地收场，喜的是它得到了认可，使我对学术有了信心，遗憾的是我完美地错过了首次全国中青年统计科学研讨会。接下来的这一年，我结合某门课程学习写了一篇约8000字关于物资消耗核算方面的文章，投给了当时的《甘肃统计》（准字号），结果被选刊了大约800字。结合另一门课程学习（罗季荣教授的课），我写了一篇《经济外向度统计评价指标体系》的文章，投给了当时的《福建论坛》（国内公开刊号），没想到隔了一个月就收到了编辑部寄来的期刊和宝贵的15元（可能有出入）稿费，这是我第一篇在公开刊物发表的文章。这期间，我还参与了由李姓、张姓同学发起的翻译匈牙利学者科夫斯的《指数理论与经济现实》一书的工作，收获颇大，既提升了英语水平，也提高了对指数问题的认识，还学会了如何阅读英语文献。之后，结合翻译内容，我对国际比较指数编制问题进行了研究，撰写了一篇文章并壮着胆子投给了《统计研究》，编辑部审稿后提出了一些修改意见。我按要求进行了认真修改，编辑部也准备在1988年第6期刊用。就在铅字排版过程中，据说突遇有重要文章刊登，就临时把我这篇撤下来了。我的《统计研究》初投就差了那"最后一厘米"，甚是可惜，第二年才补上这一缺憾。后来这篇文章被编辑部刊登在内部刊物《统计研究参考资料》上，并被选编入由中国统计出版社出版的《统计文章摘编》（1989年）一书中。回想起来，这些经历仿佛就在眼前，心里依然不能平静。

回到杭州商学院担任教师之后，我一边教学，一边看书写文章，从此走上了学术道路。特别是，在恩师黄良文教授的悉心指导下，顺利完成了硕士学位和博士学位论文。我1991年被确定为讲师，1993年破格晋升为副教授，1996年再次破格晋升为教授。在1999年12月获得博士学位之前，我在《统计研究》上发表了11篇文章（其中抽样方面的有6篇），参加了多届全国中青年统计科学研讨会（包括1995年暑期由厦大承办的第五次全国中青年统计科学研讨会），并于1997年暑期作为系主任在杭州主持承办了第六次全国中青年统计科学研讨会。这些多多少少弥补了我在厦大读书期间留下的那些遗憾。

1990年暑期硕士论文答辩后，与黄良文老师、林嗣明老师以及两名同班同学在厦门大学校园内的合影（作者供图）

在厦大求学期间，我还有一事记忆犹新，那就是坚持体育锻炼。我喜欢快跑运动，它给我带来动感和快乐。读本科期间，我留下了100米、200米和4×100米三项校记录。到厦大读书，我保留了快跑这一爱好。只要时间和天气允许，我每天下午晚饭前都会去跑步，从凌云楼出发快速地往山上跑，跑到厦大著名的"情人谷"绕一圈后再往回跑，独享其乐。校研究生会得知我短跑不错，就动员我参加校田径运动会，与本科生同场竞技。结果我一不小心又拿了一个100米冠军。我至今还记得在终点线上，那位上届校百米冠军（本科生）看我的有点不甘甚至有点怨恨的眼神。

当然，值得回忆的事情还有很多很多，例如南普陀散步、鼓浪屿登岩、芙蓉湖畔静坐、海里游泳、食堂买饭、操场舞会（别误会，我不会跳舞，只是把门而已），还有食堂的巴浪鱼、花生汤、大馒头……难以一一枚举。一切都显得那么美好！

2022年5月

从大山到大海：我与厦大的相遇

◎ 陈汉文

男，厦门大学经济学院原会计系审计学专业1986级本科生，原会计系1994级博士研究生。现为南京审计大学特聘教授，财政部会计名家。

陈汉文近照（作者供图）

我从小生长在川东大巴山里，信息非常闭塞，山里没有电视，也没有收音机，根本不了解外面的世界。那时，我的父亲是一名乡村赤脚医生，他有一种装药的透明塑料盒子，凭着盒子上"厦门鱼肝油厂"的标签，我第一次知道了大山外一个叫厦门的城市。在四川话里，厦门读作"耍门"，年幼的我认为这一定是个很好玩的地方。

1986年，高考后的我只填报了厦门大学，最后被厦大会计系审计学专业录取。就这样，我因为这些奇妙的缘分从大山里走到大海边，开启了与厦大的相遇。那时的厦门很小，只有3路公共汽车；那时的厦大会计很大，是中国南方的学术重镇。

青葱年华，念念不释厦园记忆

还记得1986年的厦大有着漂亮的群贤、建南、芙蓉楼群，经济学院的大楼也已是现在的雏形，在我眼里是"高大上"的存在。那时我住在芙蓉楼，如今回想三十多年前，一切都非常美好。

20世纪80年代的中国，随着改革开放的推进、思想的解放、经济的增长，全国上下一片生机勃勃，高校的氛围也非常活跃。那时的我们充满理想主义和家国情怀，就像改革开放后的中国一样意气风发。

回想起厦大的本科生活，有好几个画面我印象深刻，其中最多的就是图书馆。厦大图书馆是我最常去的地方，那时我们求知若渴，我常与室友一起骑着自行车去图书馆学习。那段只要学习就有收获的纯粹时光，现在想起来恍若就在眼前。

我刚入学的时候，厦大会计系刚刚成立，新生开学典礼在博学楼201举办，由系主任吴水澎老师主持，他给我们介绍了厦大会计系在中国的地位，同时介绍了会计系当时的师资，那个场景让我这名会计系的学生感到特别自豪。我们的第一门课"会计学原理"也是由吴水澎老师亲自讲授的。那时老师正值壮年，意气风发，课堂上指点学术，学生们如沐春风，陶醉在会计之美中。他给我们讲解了这门课的重要性，到现在我还记得。我真正认同会计和对会计感兴趣，就是因为这门课。于我而言，今生最大的幸运就是遇见吴老师，是他引领我进入会计学殿堂，并培养我至博士毕业，直到担任大学教授与博导。

幸得恩师，诲我为人著文之道

20世纪八九十年代，经济学院群星荟萃，作为学生的我，受到一众名师君子之风的浸润，这对我之后做人、治学产生了重大影响。

1994年的中秋，由于考试、学习和工作压力太大，我得了急性阑尾炎。那天，我正一个人躺在宿舍床上休息，李若山老师叫我去他家中过节。见我身体如此不适，他赶紧蹬着自行车送我去了厦大医院。到医院检查后，医生要求我动手术，但我只身一人在厦门，身边并无亲人，李老师就帮我在手术单上签了字，当晚我便动了手术。读博期间，吴水澎老师也是如此，逢年过节就将学生聚在一起吃饭游玩，亲如一家。

1992年，我刚开始硕士阶段的学习，硕士课程"高级管理会计"由余绪缨老师亲自讲授。有一次，余老师特地问我什么时候考博士，并说道："当老师的人，最高兴的事就是得英才而育之。"余老师这一句鼓励的话，每每想起，我都满怀感激。1994年，在吴水澎老师的帮助下，经时任学校党委副书记王豪杰老师同意，我报考了葛家澍老师的博士生。在葛老师的亲自辅导下，我顺利通过考试并以葛老师方向第一名的成绩被录取。当年吴老师刚被国务院学位委员会遴选为博士生导师，于是我主动向吴老师提出请他做我的导师。经过吴老师与葛老师商量同意，我转到吴老师门下，开始博士阶段学习。许多年后，葛老师对我讲，当年他非常希望我能入他门下。虽然当年是我主动从葛门转入吴老师门下，但葛老师此番温暖的话还是让我深深感动。我想，即便他不是我的学术导师，也已经是我重要的人生导师之一。

当年在厦大的这些点点滴滴一直影响着我，几位恩师于我的求学生涯中，不仅诲我为人著文之道，还如同亲人一般顾及我生活琐碎，对彼时一无所有的学生倾注了极大的爱心和关心。我也十分坚定一个信念：要做一个好人，要做一个有爱心、善良的人。

治学上，经院的多名老教师对我后来的学术、从教生涯也起着重要的启迪作用。1986年，吴老师给我们上了第一门课"会计学原理"。他在课上既讲课本内容，也讲他的理论研究。当时中国会计学界争论非常激烈，葛家澍老师和余绪缨老师提出"信息系统论"，把会计看作是一个信息系统，它主要通过提供客观而真实的信息，为管理提供参谋服务；而财政部杨纪琬教授和中国人民大学阎达五教授提出了"管理活动论"，认为会计的本质是一种管理活动。针对前沿理论，吴老师站在方法论的视角和高度给我们讲解他的观点，认为这两者是可以合二为一的。吴老师始终强调要重视方法论，重视辩证法，并从哲学的高度看待会计问题。这不仅激发了我的学术兴趣，还对我的学术理念产生了深远影响。

大四的时候，李若山老师从比利时访学后回国授课，李老师当时让我翻译了两本书——《审计理论》和《绿色会计》。作为一个本科生，翻译的过程非常痛苦，但结束之后我的外语水平和写作能力都有了很大的提升。临近毕业，李老师指导我的毕业论文，经过他的严格指导，我当年的毕业论文后来发表在《江西审计》上。在做毕业论文期间，福建省中青年审计研究组会议在厦门召开，李老师让我写的《关于审计三化的思考》在会议上宣读，审计署科研所蒋志方所长在总结时专门表扬了我。论文后经李老师进一步修改，发表在当年的《福建审计》上。这些经历对我后来的学术研究和论文写作都是极大的鼓舞，我记得1997年评副教授的时候，我已经在《会计研究》《审计研究》等专业期刊公开发表了三十几篇论文。

后来，我也走上了教师岗位，经院许多老师的授课都历历在目，也对我的教学有着深远的影响。葛家澍老师治学严谨，讲求追根溯源，哪怕只是一个会计的名词讲解，他都是先解释术语，再阐明内涵，最后说明它在财务会计领域当中的位置，一丝不苟；余绪缨老师的授课生动幽默，他有时还会给我们念诗，上他的课，笔记完整做下来如同一篇文章般条理清晰，结构分明；黄世忠老师风度翩翩，每次上课他都穿戴整齐，西服领带，非常洋派。这些老师们的风格、气质无一不潜移默化地影响着我，指导着我的整个教学生涯。

现在回首，那是我人生中最幸福的时光，也是我最感恩的岁月。

济济群英，促我刻不容松前行

我在念博士的时候，经院汇集了一批青年才俊，他们不仅天资聪颖，而且勤奋刻苦。那时候，经济研究所的博士黄少安经常与我一起打乒乓球。少安研究制度经济学，我们常常一边锻炼一边聊学术问题，他跟我的聊天、探讨让我对经济学产生了很大的兴趣。

周末，我们偶尔打扑克来放松。记得有一次，王江学长跟我们打扑克，结束后我们回宿舍休息，王江学长则开始写文章，一晚上一气呵成，第二天投出去，随后这篇文章就在《金融研究》上发表了。我记得他的室友是潘贤掌，潘贤掌学习非常刻苦，基本利用所有时间埋头读书，他当时写了一篇文章，一投到《经济研究》就予以发表。可以想象，当年那一批同学是何等的优秀！跟他们在一起交流，不管是在学术上还是个人感情上，我都受到很大影响。王江学长阅历丰富，他如同兄长一般，常教我们如何在正式场合合理着装，如何在生活中孝敬、尊重父母等；我们的同学张金良当时学习也非常用功，不管是学习专业知识还是外语都十分刻苦，加之他玉树临风，一表人才，是同学中的"模范生"。在那个学习氛围极其浓厚的年代里，不管是做学术还是为人处事，大家都互相影响，相处愉快，现在回忆起来仍然觉得非常幸福。

学习是辛苦的，不论在哪个时代都是如此。如果感到压力，我希望今天的经院学子也要明白，压力的背后实质上是资源的投入，"高要求、高标准"不只需要学生投入更多精力，也需要教师和学院投入更多资源。人生的每一个阶段都有该做的事，在精力最旺盛的时候一定要选择学习。没有汗水就没有收获，轻易得来的东西，用经济学的语言来说，一定是不值钱的；轻易能够享受到的快乐，那一定是浅薄的快乐！

我的本科和博士阶段都在经济学院度过，可以说这是改变我人生的地方。毕业多年，我一直关注母院的发展，学院在国际一流研究和一流教学上都取得了前所未有的突破，我也相信学院将继续发展壮大。五老峰下的厦门大学经济学院是钟灵毓秀之地，是人才辈出之院，是我们国家大东南最高经济学殿堂，是一颗在中国乃至世界的璀璨明珠。在母院成立40周年之际，祝愿经济学院在建成世界一流高水平经济学院的道路上再谱华章！

厦大经济学科的传统与创新发展

◎ 黄少安

男，厦门大学经济学院经济研究所1991级博士研究生。现为山东大学讲席教授，经济研究院院长。

厦门大学经济学科历经百年发展，人才辈出，学术辉煌。我作为学子之一，感慨而荣耀。

一、胸怀理想求学厦大经济学院

1979年高考，其实成绩还可以，由于身处农村，信息严重不充分和不对称，我根本不知道大学为何物，更不知道大学还分档次。不过父亲知道师范类学校国家不仅出学费而且还管伙食费和零花钱，让我全部填报师范类大学，阴差阳错，我以重点线的成绩录取到湖南邵阳师专政教系。现在回忆起来，我很感谢邵阳师专，在那里，我们学习了很多后来极为有用的课程——中国历史、世界历史、逻辑学、心理学和马克思主义的三个组成部分（要读原著的），自己还看了图书馆不同学科"乱七八糟"的书；而且有很多优秀的老师，他们都是在"文革"等运动中从其他很好大学和研究所下放到该学校或者从农村工厂召回该学校的，老师极为负责，学生极为好学。不过很遗憾，我相对学得较差的学科是经济学。

1982年，毕业后的我去了一个国营农场子弟中学工作，同时决定考研究生，选择了学得最不好的经济学。为什么？因为国家改革开放已经拉开序幕，确定了以经济建设为中心，会需要很多经济方面的人才，这是当时笼统而真实的认知。于是，我认为应该以此为己任而选择了经济学。备考的过程中，我意外地获得机会，考取了湖南省委党校理论班，两次四年带薪带职学习，系统完整地学完了经济学专业本科和硕士的全部课程。20世纪80年代，省委党校的课程体系和学风极好，我们经济学专业的不仅要学马克思主义经济学原著，还要学习西方经济学以及现在很多经济学专业学生不学的经济史、经济思想史、经济学说史，还要学微积分、线性代数、数理统计、会计学原理、统计学原理、BASIC语言并操作286、386计算机。几乎所有课程（包括《资本论》等原著）都是闭卷考试，不少同学考试不过而补考是常有的事。有些课程是请党校以外的老师讲，武汉大学刘涤源教授、李守庸教授给我们讲经济学说史和中国经济思想史的精彩画面至今历历在目。

客观地说，我的经济学学得还不错，而且在一些期刊上发表了论文，包括《经济研究》和《中国农村经济》等，但是，两个原因促使我报考经济学的博士生：一是感觉经济学没有学通，研究并创新经济学理论的理想远远没有实现，继续学习的欲望强烈；二是在湖南省委党校获得了本科和研究生毕业证书，可是一直没有一个正式的学位，很是遗憾，甚至憋屈。厦门大学经济学科很强我是知道的，于是1991年已经在湖南财经学院经济研究所（现湖南大学）工作的我决定报考厦门大学的经济学博士生，选择了吴宣恭教授作为导师。由于从长沙到厦门路途遥远，山道颇多，即使标识快车的火车也跑不快，而且还只能买到站票，加上厦门天气炎热，考试的时候我中暑了。我以为考不上了，很幸运，最后还是被录取了。

黄少安厦大求学时留影（作者供图）

二、厦大经济学科的优良传统

来到厦大经济学院，很快感受到了厦大经济学科的强大。当时厦大招收的博士生在全国高校中是比较多的，同年级好像是50个左右。经济学和化学绝对占大头，经济学院一批导师都是全国名师，几个专业都是当时全国数一数二的。随着进一步学习和了解，我认为厦大经济学科悠久的历史积淀，形成了几个明显的特色和传统：

一是马克思主义经济学与其他经济学的兼容并蓄、共同发展。一批学者既精通马克思主义经济学，又通晓西方其他经济学理论。在厦大经济学科发展历史中，具有里程碑式作用的经济学家王亚南先生留学时就学贯马克思主义经济学和西方古典经济学。后来他在厦大培养了一大批马克思主义经济学家，使得厦大一直以来都是中国马克思主义经济学的重镇；同时也有一大批从国外回来的研究其他经济学的优秀老师在此工作。记得一批老教授给我们讲《资本论》和马克思、恩格斯，如数家珍、头头是道、陶醉其中，讲西方其他经济学的老师也是侃侃而谈、挥洒自如、学贯中西。

二是无论理论经济学、应用经济学还是管理学的老师和学生，都非常注重基础理论的研究和训练，理论功底都很好。虽然我们学习时还没有理论经济学和应用经济学的学科划分，管理学也没有从经济学科中分出来，但是，实际上有财政学、金融学、统计学、会计学、企业管理学、国际贸易学等专业，也有专门的基础理论的若干专业，而且都很强。一批从事财政、金融、统计研究的老教授给我们上课，经济学基础理论功底十分深厚，他们的学生也常常与我们讨论基本理论问题，我还与会计专业的博士生刘峰合作发表关于制度经济学的论文。

三是国际化与本土化的结合很好。厦门大学地处我国东南海岛，历来具有海派风格，学科发展初期就有广泛的国际联系；改革开放后，厦门是最早的特区之一，厦大是对外开放之先的高校之一。同时。厦大经济学科又是具有中国特色、厦大特色的，特别是用马克思主义经济学和西方其他经济学的原理方法研究、分析中国问题，自然而然地形成了"厦大学派"，如马克思主义经济学的厦大学派、会计学的厦大学派、金融学的厦大学派、统计学的厦大学派，这是得到学界认可的。我在厦大学习时就读过王亚南先生用马克思主义经济学方法研究中国经济和政治制度的一些著作，确实自成一派。

四是学者们耐得住寂寞，不太追赶时髦，比较淡泊名利。厦大地处开放前沿，是最早的特区之一，经济学又是显学，我在学习时，外面的经济世界就已经很繁荣活跃，赚钱的机会不少，但是我们这些博士生及其老师们，多数都能淡定地做自己的研究，很少受外界的诱惑。在那个还不富裕的年代，这其实是不容易做到的。到了网络时代，很多学者都乐意甚至刻意在网上出名，而厦大经济学科的学者们，无论老一辈还是年轻的，其实很有实力，但是几乎没有在媒体上"很著名"的"经济学家"，培养的学生走到各地各行业，也很少有这种风格的。在有利益吸引的情况下，这种坚持不容易做到。

黄少安求学时与他人合影（作者供图）

三、毕业后对厦大经济学科的关注

厦大的发展，尤其是经济学科的发展，被众多学子关注、关心和支持是很自然的事情，我也不例外。为一些老师的逝去而悲痛，为众多优秀青年学者成长起来而高兴，为国际影响力的扩大而自豪，也为发展中的一些困难而担忧。20世纪末21世纪初，厦大理论经济学科，无论传统马克思主义经济学还是现代西方经济学，短期内实际上面临人才青黄不接、课程体系相对落后、顶尖刊物成果发表不多的局面。为此，我曾经给上任不久的校长朱崇实教授写过一封信，表达了自己对理论经济学学科发展现状的判断和担忧，并且提出了一些建设性建议，特别是引进人才。为什么给他写信？一是因为他是校长；二是因为他是厦大经济系毕业的；三是因为他毕业后长期不在经济学院工作，对理论经济学在全国的相对情况不一定能及时了解到（当然，也许他早就了解）。我不知道他是否收阅过这封信，也不知道是否有作用，但是我知道他坚决引进和坚决支持了厦大经济学院院友洪永淼教授。永淼即将回来和回来以后，许多问题我都与他讨论过，从以什么方式回厦大工作、组建王亚南经济研究院的方案、人才引进和学科建设、如何与国内学界接轨，到如何与经济学院相处合作等一系列问题，基于一些教训和经验我给出了一些建议。永淼是有水平、有主见的人，他又很快引进组建了一个全国一流、有国际影响力的团队，使得厦大理论经济学重回巅峰。

厦大经济学科即将进入新的百年发展历程，衷心祝愿她持续繁荣，永攀高峰！

万里归来颜愈少
此心安处是吾乡

入学30年追忆

◎ 连 任

男，厦门大学经济学院经济学系经济学专业 1992 级本科生。现任厦门市地方金融监督管理局副局长。

30年前高中毕业，福州一中1992届有60多名同学考上厦门大学，大家约好一起乘坐绿皮火车南下。第二天，我们迎着晨曦抵达厦门火车站，被师兄们接进校园。我入住芙蓉二213房间，选的是一个靠窗右侧下铺的床位。说来非常有趣，4年后毕业求职，第一份工作的面试官竟然是13年前在同一床位住过4年的计统系师兄朱文毅。

厦大于我而言，是茁壮成长的沃土，是枝叶繁茂的修剪，是开花结果的采摘。参加工作后，我回到母校攻读在职硕士、博士学位，在经济学院和管理学院，寒来暑往整十年。2011年以来，我开始利用业余时间在厦大兼职教学授课，学校给了我学习提升和经验分享的机会，一转眼又是10年。回忆与母校结缘的30年，最难忘的还是在经济学院本科求学的4年时光。

难忘校园生活

在依山傍海、凭栏观湖、红砖绿瓦、凤凰花开的最美校园里，曾忆否，在南强二教室上课考试，在博学二听汪国真诗词讲座，在图书馆占座看书学习，在化学楼演讲辩论？曾忆否，在上弦场军训、踢足球挥洒汗水，在建南大礼堂为校园十大歌手比赛呐喊助威，在东边社庆生小聚改善生活，在芙蓉湖夜半划船仰望星空？曾忆否，在厦大一条街点一份美味的林家鸭肉，在南普陀寺前池塘边欣赏荷叶碧连天，在校园周边小录像厅抢看周星驰无厘头电影，在白城海滩尽情遨游体验潮起潮落……大学四年如白驹过隙，然而愉快又充实。

多年后，曾听闻邹振东教授给毕业班同学的离别赠言："你校园带不走，食堂带不走，图书馆带不走，实验室带不走，老师带不走，小师妹你带不走。"我很幸运，在厦大浪漫恋爱三年半，如愿带走了隔壁企管系同级小师妹，并携手相伴至今。

难忘吾系吾师

1992年9月，我们踏入美丽的校园。一个月的军训结束后，和蔼可亲的经济学系书记方成族老师给大家上了第一堂经济学系的历史课——王亚南先生和《资本论》研究的"南方之强"，给我们新生留下了深刻的第一印象。

经济学系的老师，理论功底深厚，优秀教师众多。在之后的学习生活中，我们作为本科生，得到一众著名教授的亲自授课，受益终身。叼根烟、眯着眼把政治经济学阐释得鞭辟入里的李秉濬教授，第一次让我们接触到西方经济学的和颜悦色的方和荣老师，讲授国际贸易实务的为人厚道、性格开朗的刘连支老师，从普林斯顿大学留学归来讲授人口学的叶文振教授，讲授国际商务课程的风度翩翩的庄宗明教授，讲授管理心理学的平易近人的周妙群教授，有着独特闽南口音的农业经济专家许经勇教授，开讲外国经济史、课堂上妙语连珠、期末抽题口试的郑学檬常务副校长，将中国经济史课程娓娓道来的刘经华教授，传授我们《资本论》（三卷）的陈永志、李绪霭、王锦涛教授……师恩难忘，大家在老师的悉心指导下如饥似渴地汲取经济学营养，课余时间也多到图书馆阅读相关书籍。两任班主任林建漳老师和郭其友老师年纪只比我们稍大一点，成了同学们一辈子的兄长和挚友。

而讲授国际金融课、语速极快的陈亚温教授，让我一辈子都难以忘怀。他先后赴英国约克大学、日本一桥大学和德国柏林工业大学做过访问学者，治学严谨，逻辑清晰，记忆力极强，案例分析时间、地点、人物、起因、过程、结果，像连珠炮向我们袭来，容不得大家半点走神。后来有幸申请陈老师作为我的硕士论文导师，他对硕士论文的写作方向、提纲框架和参考资料把关非常严格，成稿后他用红笔逐页修改批注，一丝不苟，让我汗颜。他很少参加社会应酬，大部分时间花在学术研究上，成果颇丰，但非常可惜，由于疾病原因，亚温老师英年早逝。

难忘社会实践

1993年暑期到来，我和同学林波、林海平、林晓丹、江愈海等人并没有马上返乡，而是跟随班主任郭其友老师、哲学系大四学长木志荣一起坐船到漳州龙海市海澄镇石码，开展农村产业结构调整问题的调研活动。

我们住在当地党校教室，白天分头走访村、镇领导，了解乡镇产业结构现状，到国营工厂和乡镇企业参观，发现很多小企业主干劲很足，信心满满。我们也对当地服务行业做入户调查，同样感受到生机勃勃。调查之余，我们还参加收割水稻和修剪公园树木的活动，晚上则开会讨论各小组一天来的收获，写工作小结，安排第二天的分工。郭其友老师给我们上的是"发展经济学"这门课程，通过社会实践的方式，我们深入村居，结合授课的内容，探讨小平同志"南方谈话"后改革开放思想上的巨大变化，村镇一级应该在哪些方面放开政策、如何鼓励乡镇小企业进一步发展，都成为引发我们深入思考的活生生的现实版"导火索"。

为期10天的社会调研活动，对我们而言，意义是不寻常的。作为大学新生，第一次深入基层，运用解剖麻雀式的调研方法，对我们的学习大有裨益。同学们之后用此方法为中山路某大型商场建设可行性、中国打印机未来发展方向等项目做实践调查。现在回想起来，基于扎实工作和调研方法，我们都拿出较为前瞻可信的报告结论。经济学系组织这样深入的社会实践活动，手把手教学，很好地传承了王亚南校长极力倡导的"经济科学是一门实践的科学，应站在中国人的立场上来研究经济"的理念。

难忘课题研究

在20世纪90年代社会主义市场经济刚刚确立的时候，厦门大学经济学院有着很好的横向研究课题，不但丰富老师的教学内容，也为当地经济社会发展建言献策。

横向课题一般是研究生参与机会较多，但有时也会带高年级的本科生参加。1994年，经济学系有一个研究泉州市国土规划及未来发展方向的横向课题就邀请我和郑鸿、林波三名同学参加。没有上课的晚上和周末，我们就聚集到经济学系的小会议室，根据指导老师的要求，在平铺开来的泉州城市总体规划图上，用测图仪器对不同色块、不同性质的土地进行两人分次测量，一个同学记录，确保误差在可接受范围之内。平时，我们有机会就跟着老师听取土地规划发展分析研究，收获颇丰。

后来，郑鸿同学毕业时，去了福建省国土资源厅工作，应该跟参与这次课题研究有很大关系。而我在测量过程中运用测图工具对全省的土地进行点到线、线到面的测量，再结合区域经济学梯度理论，写了一篇题为《构筑福建经济格局的第三个支撑点》的论文，参加1994年福建省政府"华榕杯"增创新优势征文竞赛，最终获得优秀奖，时任省长陈明义同志亲自颁奖。

难忘学术交流

清华大学校长梅贻琦曾说过一段名言："所谓大学者，非谓有大楼之谓也，有大师之谓也。"厦大经济学院曾有诸多知名经济学家，从王亚南校长到葛家澍教授、余绪缨教授、钱伯海教授、邓子基教授、黄良文教授、吴宣恭教授、胡培兆教授，再到张亦春教授、洪永淼教授等学科带头人。经济学院常常举办学术交流活动，邀请校内外知名学者做高端学术讲座，作为本科生，有机会旁听学习，那是我们开阔眼界、拓展视野的好机会。

1995年暑期，我和林波、赖慧娜同学开展了我国沿海发达地区外来人口流入的经济社会效益评析及管理对策的研究，从课题构想、调查方法到数据来源、分析工具等方面，我们都得到经济学系老师的精心指导。论文成稿后，我们还慕名拜访了经济学家吴宣恭教授。吴老师在家中亲切接待了我们几名本科生。除了给我们论文提出指导意见，他还分享了收集海外邮票的有趣经历，建议我们有机会要到国外高校交流访问，提升自己。

我们的论文后来入选厦门市科协首届青年学术年会和福建经济学会年会。经济学系出资，让我们几个同学参加在福鼎太姥山举办的1995年福建经济学年会。我们当面聆听了很多专家教授关于国有企业改革和产权方面的交流和讨论，受益匪浅。本科求学期间参与的这次学术交流活动也给了我很好的启迪。多年以来，我经常参与经济学院举办的各类学术交流活动，每每都能想起第一次作为初生牛犊参与经济学年会的场景。

难忘嘉庚精神

"万里归来颜愈少"是苏轼的美好愿望。30年来，我和厦大经济学系的老师有许多次的接触，当年授业的很多老师，如今依然精神矍铄，乐观开朗。我们班毕业以来的两次10周年聚会，同学们回到母校相聚，老师和同学们共同的感觉是——归来仍是少年！

2006年，在我们大学毕业10周年和老师相聚的时刻，我们班级同学提出，传承嘉庚精神，设立"厦门大学经济学系系友助学金"，用大家微薄的力量，帮助品学兼优、家庭贫困的学弟学妹。这一提议得到时任经济学系主任洪永淼教授的鼓励和大力支持。如今，这一小小的项目在

2016年8月1996届经济学专业同学毕业20周年合影留念（作者供图）

诸多系友的鼎力支持下，已经延续17年，受资助的学弟学妹有154人次。我们募集的资金约70万元，已资助金额累计50.85万元。我们期盼，这个项目能作为我们和母系的一条纽带，长存下去。我们愿为达成这一目标而继续努力！

厦门大学经济学院经济学系，是"吾乡"，更永远是我们经济学子一辈子的"此心安处"。回到母系，哪怕颜愈老，但心永安。

从自由厦园
走向广阔天地

◎ 邱嘉平

男，厦门大学经济学院原财政
金融系国际金融专业 1992 级本
科生。现为加拿大麦克玛斯特
大学德格罗特商学院金融系终
身教授、加拿大帝国商业银行
讲席教授。

逐梦厦园，时雨春风

我的父亲在厦大物理系任教，我的成长跟厦大息息相关。那时，因为高中好友是厦大财政金融系邱华炳老师的小孩，所以每当我们对一些经济问题产生兴趣，便会结伴去请教邱华炳老师。邱老师耐心细致，对经济学见解独到，他豁达贯通的学者气质让我对经济学产生了浓厚兴趣。当时厦大金融学的排名已位居全国前列，于是高考后，我毅然选择报考了厦大金融系。

大学的生活平和而自由，学习仍是我的主旋律。系里同学都很优秀，大家作为全国高考的佼佼者，都还保留着高中学习的惯性，以及"天生我材必有用"的信心，在知识的殿堂里求知若渴。在课堂上认真汲取理论知识的同时，我们也积极将所学应用于实践。一方面，我们模拟股票市场进行交易；另一方面，我们还到证券大厅观摩、实战。那时候中国改革浪潮汹涌而起，证券市场刚刚起步，同学们大多怀揣着学以致用的梦想，对金融市场有着钻研和投资的热情。

当时，财政金融系师者如云，群英荟萃。无论是会计领域的葛家澍老师，还是财政领域的邓子基老师，抑或是较为年轻的郑振龙老师，都在学术界、经济或金融界有很大影响力，也深受学子们的景仰。本科四年里，对我影响较大的当属邱华炳老师和辅导员曾建华老师。邱华炳老师是学院里研究和实务都相当出色的教师典范之一，他不仅学术上颇有成就，课堂上旁征博引，还在实务上精通资产评估。在他的悉心教导下，我们深刻理解到，经济学不是闭门造车而是一门学以致用的学科。辅导员曾建华老师则是我们大学生活中的良师益友，他对学生非常认真负责，经常与同学们谈心交流，能敏感地捕捉到大家的情绪，帮助同学们调节心态。他对于学生的关心藏在生活点点滴滴的细节里，陪伴我们平安、快乐地度过了美好的四年时光。

风雨兼程，志存高远

本科毕业后，我选择到港科大读研深造。这一年，我身边发生了两件大事。其一是香港回归，其二便是港科大全新的任职制度改革。当时，港科大建校不久，在教师评价体制上大刀阔斧进行创新，包括吸纳海归人才和实行"tenure"制度。这项改革给香港乃至整个亚洲地区都带来了极大的冲击。当时著名经济学家邹至庄先生就曾设立了一个"邹至庄项目"，旨在选拔尖子生赴美留学，从而培养了一大批活跃于国内外的经济学家和高级经济学专门人才。这些海归人才中有不少选择归港任教，他们对学术极具热情，再加上改革拔高了对任教者的要求，由此涌现出一批极有影响力的教师和学者。

港科大的学术氛围因此相当浓厚并令人震撼，很多老师都会"带头"在办公室工作至凌晨。受师生共同奋进的影响，我的硕士同学基本都选择了继续深造。而我身处这种学术上"适者生存"的境地，一时间倍感压力；另一方面，我也不断地在工作和学术研究之间反复权衡，希望找出最适合自己的发展方向。最终，我选择了继续赴多伦多大学攻读经济学和金融学博士学位。

由于本科我学的是金融专业，该专业对数学的要求偏基础，因此在博士低年级时，在考题偏数理的情况下，那些理科出身的同学成绩稍显突出。但到了博士高年级，我们开始主攻个人研究，正是在这个时候，得益于厦大的本科教育，我找回了属于自己的舞台。厦大在培养金融学思维上很有一套，当时的金融学专业授课内容偏向于定性理解，注重理论研究，再加上本科期间我们时常讨论财政问题和模拟炒股，形成了对公司和宏观政策的独特见解，针对金融问题也有较为敏锐的直觉。此外，作为中国人，我对发展中国家的了解更为深刻，我的历史观使我的研究直觉更加准确。

金融学是一个包容性和开阔性很强的学科，它既可以完全脱离数学，也可以运用非常高深的数理证明。现在的学生数学和语言能力都很强，很多中国籍老师和学生在经济学直觉上都非常出色。我的一位博士生就来自厦大经院，她的金融和数理基础极为扎实，很多时候我只要稍加指点，她就能完全领悟。因此从事金融学研究，每个人都有机会将其所长所学——良好的市场直觉抑或是精深的理论理解，投入产出形成鲜明生动的个人研究风格。

饮水思源，笃行不息

生于厦园，长于厦大。我因厦大人的身份而自豪，也一直关注着母校母院的点滴动态。在我眼里，母院的发展欣欣向荣，学术上的发展有目共睹。这些年学院发表了很多有国际影响力的文章，尤其在计量经济学领域，许多文章所借鉴的思路和方法便是厦大人的见解。

厦大对我来说是家一样的存在，是生我养我教育我的地方。疫情之前，五年一度的院友会我都如期赴约。院友会是经济学院的传统，虽然组织者会在班级上稍作区分，但是大家都亲如一家，见面以后一起在校园里走走，去宿舍看看，然后叫上老师一起叙叙旧、聚聚餐。多年来，一有机会我也尽可能回到母校去开设讲座和短学期课程、参与论坛，期望能以自己的微末所学，奉献母校，回馈母院。

回想起我在母校的成长时光，在厦园那恬静的气质浸润下，我拥有了广阔的思路、包容的视野，并养成了不功利的学习态度。相信学弟学妹们也能寻找到符合自己性格和热爱的发展领域。把路走深、坚持到最后的人，都会有好运气，也都会成功。这也是厦园恬静温润的品质以及"自强不息"的校训所蕴藏的宝贵精神财富。

深刻感悟钱伯海先生的学术思想

◎ 朱启贵

男，厦门大学经济学院原计划统计系 1993 级博士研究生。现为上海交通大学特聘教授，上海高级金融学院党委书记。

在本科和硕士阶段，通过学习和研读钱伯海先生的教材、专著和论文，我十分景仰先生，极其向往厦门大学。1993年，在钱伯海先生的关怀下，我有幸考入厦门大学，拜在先生门下。先生对我厚爱有加，在课堂上、书斋里，在散步中，悉心教导我做人、做学问。先生的人格魅力感染着我，献身科学与追求真理的精神鼓舞着我，成为我几十年从事教学科研工作的不竭动力。母校统计学当时成为全国唯一的重点学科，现在成为"双一流"建设学科，与先生的努力拼搏和卓越的学术贡献分不开。值此母校经济学科百年和经济学院40华诞庆祝之际，我怀着万分崇敬的心情，谈谈对先生博大精深学术思想的感悟。

一、创立国民经济核算平衡原则，实现国民经济核算中国化

1971年，我国恢复了在联合国的合法席位。为了核算与分析我国国民经济运行情况，加强国际经济比较研究，我国必须立足国情、参照国

从左至右：朱启贵、钱伯海先生、施建军（作者供图）

际规范及标准，建立我国新的国民经济核算体系。20世纪80年代初期，我国国民经济核算改革刚起步，由于物质产品平衡表体系（MPS）和国民账户体系（SNA）两大体系在核算范围、核算内容、核算方法等方面存在着较大差异，加之我国长期对SNA持批评的态度，理论与实践工作者对SNA比较陌生，许多人在理论研究和实际工作中经常出现错误。这既影响我国经济与统计理论的研究，又误导经济社会政策的制定，其危害很大。面对这种局面，先生出于学者的使命感，经过深入系统研究，在1983年第3期《中国社会科学》上发表原创性成果——《国民经济核算的平衡原则》，即"生产范围划在哪里，产值指标就算到哪里，中间消耗与最终使用也就算到哪里，初次分配和再分配、原始收入和派生收入就在哪里分界"。该原则要求从社会再生产的生产、分配和使用三个方面核算国民经济活动总量指标，口径必须一致，核算结果必须相等。20世纪80年代至90年代，国民经济核算的平衡原则为我国国民经济核算理论与方法研究和制度建设提供了重要的指导，其作用是巨大的。1992年国务院批准的《中国国民经济核算体系（试行方案）》采纳了先生的国民经济核算的平衡原则。20世纪90年代后期，针对我国国民经济核算体系向SNA体系转轨后出现的新变化，先生对国民经济核算的平衡原则在方法上又做了补充与拓展，使其更为系统化、科学化。新国民经济核算的平衡原则表述为："能量守恒、质量守恒、经济活动守恒。但要做到守恒，在数量上保持平衡，必须使形成经济活动的各方，包括收与支、产与销、产与分、产与用、买与卖、投入与产出等等，保持相同的口径范围和相同的计量单位。如果用价值计量，就必须采用相同的价格标准。"显然，拓展后的平衡原则，适用于一切经济核算，包括宏观的国民经济核算和微观的企业经济核算。几十年理论与实践充分证明，国民经济核算的平衡原则具有科学性、实践性和生命力，它消除了经济统计核算与经济理论研究及实际工作中的误解，有力支撑了我国国民经济核算理论、方法和制度的发展，推进了国民经济核算体系的中国化，因此，学界称之为"钱氏定理"。

二、创立社会劳动价值理论，丰富国民经济核算理论

国务院于1984年成立专门的国民经济统一核算标准领导小组，负责和领导我国国民经济核算体系的改革工作。先生接受任命，担任国务院统一核算领导小组"国民经济核算体系"总体规划组组长。经过多年的理论研究和试点总结工作，国务院于1992年正式批准了我国国民经济核算体系方案，并且确定1995年实现全面向新国民经济核算体系的转轨。

价值是经济核算的基础，没有价值也就不能计算产值。随着《中国国民经济核算体系（试行方案）》的出台，我国经济理论界出现了不和谐的声音，有人认为只有物质生产部门才能创造价值，发表文章批评我国国民经济核算体系。先生指出，我国国民经济核算体系改革的关键在于扩大生产范围，既要核算物质生产，也要核算服务生产。为了从理论根本上解决问题，先生付出大量的心血，深入系统研究马克思劳动价值理论，从理论基础上论证我国国民经济核算制度重大改革的科学性和可行性，为我国国民经济核算制度方法的改革与发展作出了不可替代的贡献。

先生提出，社会劳动具有三大特征：一是社会劳动是区别于家庭自我服务性的劳动；二是它扩大了生产范围，既包括物质生产劳动，又包括服务生产劳动；三是与个别劳动相对立，它具有社会化、平等化的特质。先生在定性分析与定量分析的有机统一中，系统论证物化劳动、活劳动和社会劳动共同创造价值——社会劳动价值理论。该理论论证了"从宏观从全社会看的活劳动创造价值，恒等于从微观从企业看活劳动与物化劳动共同创造价值。也就是说，从企业看物化劳动共同创造价值，等于从社会看的活劳动创造价值"。先生对我国改革开放认定第三产业、扩

大生产核算范围、核算第三产业价值所引发的种种矛盾和问题，进行了深入系统的研究，取得了一系列创新性研究成果，于1997年融合成为30余万字的专著——《社会劳动价值论》，由中国经济出版社出版。社会劳动价值理论是对马克思主义劳动价值理论的继承与发展，努力推进马克思主义中国化、时代化，不仅为我国国民经济核算体系提供了坚实的理论基础，而且丰富了中国特色社会主义经济学理论。

社会劳动价值理论有助于激励科技创新。经过近几十年的改革开放，我国形成了相对齐全的工业生产体系和相对完整独立的产业链条，并深度融入全球价值链，但对价值链的掌控能力不强，存在"卡脖子"短板。按照传统的劳动价值论——只有活劳动创造价值，企业就应该偏重活劳动的投入，淡化物化劳动（劳动手段、劳动对象）的投入，搞人海战术，其结果可能是：企业劳动生产率低下、创新缺乏、产品质量不高、竞争力不强、产品积压、再生产难以持续。例如，高端芯片自主研发与生产能力不强的重要原因之一是缺少劳动手段（物化劳动）——高端光刻机。根据钱先生的社会劳动价值理论，企业既要注重活劳动投入，又要注重物化劳动投入。只有高水平活劳动与高质量物化劳动有机组合，才能推动经济发展质量变革、效率变革、动力变革，提高全要素生产率，实现高质量发展，增强我国经济综合实力和国际竞争力。

三、整合两大核算体系，发展国民经济核算制度

在国民经济核算发展史上，国际组织和一些国家也曾经试图将MPS和SNA整合在一起，但由于经济、政治和技术等方面的原因，始终未能实现。为了适应改革开放的需要，1984年，国务院成立了专门的国家经济统一核算标准领导小组，先生受命作为总体规划组组长，领导和参与我国新国民经济核算体系的组织设计、试点总结和制度建立等各项工

作，作出了系统设计和引领性贡献。1992年8月，国务院正式批准了国民经济核算体系改革方案，并确定1995年全国国民经济核算转入新的核算体系。根据国务院的指示，国家统计局、国家计划委员会、财政部和中国人民银行等部门共同协作，从社会主义有计划商品经济的实际出发，以马克思再生产理论为指导，在总结我国实践经验的基础上，吸收国民经济核算的国际经验，设计出了我国新国民经济核算体系——《中国国民经济核算体系（试行方案）》，在世界范围内首次实现 MPS 与 SNA 协调整合。这套试行方案从当时国情出发，科学认真地对待 MPS 和 SNA 两大体系，既不保守原有的 MPS，也不完全照搬 SNA，而是博采众长，兼容并蓄，力图把两者的优点结合起来。该方案采用了 SNA 中国际通用的核算原则与核算方法，同时保留了原有 MPS 中的核算口径和内容，并且在有关核算表中采取积木式、板块式的结构，可以方便地进行不同核算体系的数据转换，既可以进行国际比较，也可以进行我国的历史比较，具有较强的适应性。这套方案满足了当时国民经济管理的需要，在我国向社会主义市场经济转变过程中发挥了作用。它不仅有助于人们认识与熟悉 SNA，而且为国民经济核算体系的改革创新和《中国国民经济核算体系（2002）》的形成打下了坚实的基础。可以说《中国国民经济核算体系（试行方案）》是对世界国民经济核算体系的一大贡献，必然要载入国民经济核算的史册。

四、构建国民大核算体系，指引国民经济核算发展

早在20世纪80年代，先生在承担国家自然科学基金项目时，就率先提出国民大核算体系的构想。先生在1992年出版的《国民经济核算通论》著作中，基于系统论思想，从全局出发，以可持续发展为目标，提出国民大核算体系构想——以经济核算账户为中心，建立资源环境核算、

社会核算、科技核算、人口核算等卫星账户，通过经济核算账户与这些卫星账户的协调与综合，形成经济与资源环境、社会、科技、人口等的一体化核算体系。这样既保证了国民经济核算的特殊需要，不影响中心框架的国际可比性，又体现了灵活性原则。国民大核算体系是超越国民经济核算的通俗称谓，它突出国家统计体系整体化、一体化，是国民统计整体核算、国家综合系统核算。国民大核算体系是国民经济系统最高层次、最广泛的核算，包括实体世界、虚拟世界、数字世界以及新科技、新产业与新业态的互联网经济、平台经济的经济核算，也包括对社会、科技、资源、环境和生态系统的核算。通过制定统一的分类标准，规范核算的基本单位，采用一致的概念和定义体系，从不同领域、不同方面搜集来的统计资料有了相互交换、相互补充、结合使用的可能，在此基础上就能建立统计数据库及其网络，充分发挥自动化信息技术的巨大功能，有效推进国民统计核算现代化发展。现实中，从各个专项统计活动中单独搜集的统计资料，由于没有形成体系和联系，使指标的含义、口

2012年7月23日朱启贵在日本早稻田大学作学术报告（作者供图）

径、范围有差异，给统计资料的综合开发利用带来诸多不便，而国民大核算体系将为实现全社会统计资料信息共享创造必要的前提条件。其中，资源环境核算就体现了"绿水青山就是金山银山"的理念。当前，世界国民经济核算体系的发展趋势有力证明了国民经济核算的目标和内容在逐步朝着先生提出的国民大核算体系的方向发展。

五、创建两门统计学，优化统计学科体系

我国恢复在联合国的合法席位后，为了知己知彼，需要加强研究国外经济社会发展。先生接受国家计委的委托，带领几位学者研究美国国民生产总值（GNP）的核算问题。经过艰苦卓绝的努力，先生圆满完成了研究任务，取得了创新成果。之后，先生又陆续承担多项国家社科基金重点项目研究，完成国家自然科学基金项目"国民经济核算体系开发应用的研究"，发表和出版多篇论文、报告和专著，开设了有关新课程，受到理论界与实际部门的高度评价，并获得多项国家级和省部级奖励。自1974年起，先生在国内率先开设了一门崭新的课程——"国民经济综合平衡统计学"，系统阐述了这门学科的研究对象、理论体系、内容和方法以及对国民经济发展的功能和应用。1978年底，在四川峨嵋召开的全国统计学教学、科研规划座谈会上，先生作《国民经济综合平衡统计学》主题报告，得到与会专家的重视和好评，被确定作为专著和国家统编教材，分别于1982年和1985年出版，得到各方的高度认可。该书在理论上的主要贡献体现在两个方面：一是深入比较分析 MPS 和 SNA 两大核算体系，提出建立以 MPS 内容为主体，借鉴 SNA 方法的中国化国民经济核算体系，以及建立以最终产值为主，与总产值、净产值相结合的中国化的国民生产综合指标体系；二是提出国民经济核算的平衡原则，除释理论界和实际部门长期存在的错误认识，助推我国统计制度方法的创

新发展。该专著在1987年国家教委组织的全国高校优秀教材评选中，荣获全国优秀教材国家级奖。该课程受到全国统计和经济学界的高度关注，许多高校纷纷派出统计学专业骨干教师前往厦门大学学习这门课程，或直接引进先生撰著的教材开设相应课程。此后，这门课程逐步借鉴国际上经济统计学的研究成果，并根据我国宏观经济治理的需要，进行卓有成效的开拓和创新，发展成为"国民经济统计学"。1991年，国家教委和国家统计局召集主要高校专家讨论，将"国民经济统计学"确定为统计专业的5门主干课程之一。受全国统编教材编审委员会的委托，先生负责主编《国民经济统计学》教材，先后出了3种版本，第一种版本获得全国统计优秀教材奖，第二种版本获得全国第三届统计科技进步一等奖和全国统计优秀教材奖，第三种版本是跨世纪的国家级教材。

自20世纪80年代起，先生倡导中国经济统计学教学体系的全面深化改革，提出具有科学性、前瞻性和可操作性的观点，力主将名目繁多的部门经济统计学课程凝练为"国民经济统计学"和"企业经济统计学"两门主干课程，得到了统计学界的普遍赞同。先生组织相关高等院校编著《企业经济统计学》，既提高了统计教材的理论水平，又兼顾各部门统计的特点，受到社会的认可和好评。经全国统计教材会议讨论，"企业经济统计学"被确定为统计学专业主干课程。先生为我国统计学科建设作出了重要贡献。1997年，由先生担任主编的《企业经济统计学》教材在全国首届优秀统计图书奖评选中获奖。

六、践行经世济民使命，创新经济理论体系

改革开放之后，我国经济社会发展日新月异，新生事物不断涌现，但我国经济学理论体系和教材无法回答一些重大的现实问题，因此，社会呼唤改革与创新经济学理论和教材体系。先生积极响应社会需求，经

过多年艰苦卓绝的研究，取得了许多创新成果，形成具有原创性的经济理论体系。

第一，创立两门经济学，完善经济学科。早在1972年，先生接受国家计委的委托，在研究美国 GNP 核算问题过程中，就萌发了撰著《国民经济学》的想法，但是由于环境约束，无法动笔。改革开放为撰著这本书创造了条件。先生从1983年起开始撰著《国民经济学》，于1986年和1987年分别出版第一版《国民经济学》上册和下册，1992年出版第二版，2000年出版《国民经济学》（新增订版）。2002年，《国民经济学》出版［收入《钱伯海文集》（第四卷）］，以庆祝先生从教50周年。

先生提出："社会主义已经经历了几十年的历史，人们在社会主义建设中，取得了丰富多样的实践经验。根据马克思主义关于理论与实践的辩证原理，迫切需要建立一门以国民经济为整体，把生产力和生产关系结合起来，既研究国民经济运动质的规律性，又研究其量的规定性的综合性学科，这就是国民经济学。"《国民经济学》把社会主义政治经济学和宏观经济学有机地结合起来，着重阐明国民经济的运行机制，以及在社会主义条件下，运用经济杠杆管理与调控国民经济运行的基本原理、原则和方法。《国民经济学》是政治经济学与宏观经济学有机结合的新型学科，它以整个国民经济为研究对象，以国民经济的运行过程和社会产品的生产、流通、分配、使用四个环节的衔接为起点，分别从质和量两个方面考察社会主义经济的再生产过程，具体内容则涵盖基础理论、国民经济的运行过程和数量关系、国民经济两种运动的平衡协调与形成机制以及国民经济宏观调控的理论和方法这四个方面。先生认为，国民经济是一个有机整体，企业是这个整体的细胞，因此，需要建立相应的企业经济学。企业经济学是政治经济学与微观经济学的结合，研究企业运行规律。

第二，建立供需平衡经济学，服务政府经济治理。科学有效的宏观经济治理是实现国家治理体系和治理能力现代化的本质要求，也是构建高质量社会主义市场经济体制的重要组成部分。1997年，先生将其主持完成的国家社科基金"八五"重点项目研究成果——《社会总供需平衡及其调控机制的系统研究》出版成为新学科著作——《供需平衡经济学》，为我国宏观经济治理提供理论支撑。在这部著作中，先生确立了供需平衡经济学的研究对象和内容体系，论证了它与有关经济、统计诸学科的关系。先生认为，物质不灭，能量守恒，这是大自然法则，人们只能服从，按照规律办事。生产部门从事生产，制造产品，绝不是创造产品，只是组织劳动者，运用劳动手段，作用于劳动对象，改变物质的内在成分和外观形态，形成新的产品和使用价值，以满足人们不断增长的物质文化生活需要。改变是对原物质的否定、对原物质的消耗，因而生产过程本身就是物质和能量的消耗过程。生产产生供给，消耗形成需求，要求供给与需求保持平衡。因此，从供需平衡的基本要求来看，需要人们尊重大自然法则，树立资源有限性的观点，有计划地开发和利用资源，注重资源平衡、生态平衡，源远流长，保证社会经济和自然资源诸方面的可持续发展。

社会主义市场经济宏观调控的主要任务是保持经济总量的基本平衡，促进经济结构的优化，引导国民经济持续、健康地发展，推动社会的全面进步。先生指出，经济总量平衡主要是总供需的平衡，经济结构优化主要是资源配置的优化。优化资源配置与供需平衡密切关联，相互制约。只有讲究供需平衡，包括总量平衡与结构平衡，才能使人力、物力、财力得到最有效的利用，不积压，不脱销，购销两旺，货畅其流。只有做好资源配置，优化资源配置，才能使供需平衡建立在最大效益的基础上。相反，在资源浪费、生态失衡的情况下，也可以使供需保持暂时的平衡，但是不牢靠、不巩固，无法持久，国民经济平衡最终将无法实现。因此，在社会主义市场经济条件下进行宏观调控，一定要把供需平衡放在突出的地位。

第三，重构经济学体系，推进政治经济学发展。为了改革与完善政治经济学理论方法体系，先生于1999年出版著作《经济学新论》。该著作以马克思主义基本理论为指导，以全球化为背景，从我国改革开放的实际出发，在定性研究与定量研究的有机统一之中，构建了社会主义经济学理论新体系，取得了诸多创新。先生坚持认为"经济学是研究发展生产、满足需要及其规律性的科学"，其理论体系既不同于侧重于研究生产关系的传统政治经济学，又不同于侧重于研究资源配置的传统西方经济学，而是两者有机的整合与创新。先生从理论上将经济学分成基础理论、市场经济、企业经济、国民经济和国际经济五大部分，令人耳目一新，其内在逻辑之妙，更使人感到其创新之长远价值所在。这部著作刚一问世，不仅受到经济理论界的高度赞誉，而且得到政府部门的奖励。这在纯理论经济学近乎沉寂而应用经济学热闹非凡的当时，着实令人惊喜和欣慰。这部著作无论是在经济学的理论与方法体系上，还是在具体内容上，都具有系统而又重大的突破和创新。

第四，坚持以人为本，描绘经济学蓝图。中国特色社会主义政治经济学是对马克思主义政治经济学的继承与发展，是中国化的马克思主义政治经济学。为了创新和发展中国特色社会主义经济学，先生牢记经世济民使命，坚持以人民为中心，全面系统设计经济学体系。他认为，人们不仅求生存，而且求发展，渴望生存的条件越来越好，发展的环境越来越优越，这体现了人类的欲望。这就是人类存在与发展的基本动力，也是人类社会发展永恒的动力。欲望无止境，这是人类普遍存在的本能和本性。欲望不是凭空满足的，物质生活欲望和精神生活欲望，都是通过人们的生产活动来实现的。劳动是一切财富的主要源泉。只有通过分工协作，发展生产，提供各种物质文化生活成果，才能满足人的欲望。因此，"发展生产，满足需求"成为人类社会的永恒主题。先生将人类的本性本能及其发展的实践过程凝练为："人之初，性存己，要为己，必为人；我为人，人为我，共存荣，私与公；物要产，贵在器，勤劳动，立本义；阶段论，不可越，明道理，功可期。"这四方面构成了四个独立的社会经济内容，确立了经济学研究的重点，绘制了经济学蓝图，探索了中国经济学的发展方向。

先生的学术思想不仅推进了统计、经济理论创新和学科发展，增强了母校经济学科综合实力，而且在国家治理中得以体现。比如，党的十八届三中全会做出的关于"让一切劳动、知识、技术、管理、资本的活力竞相迸发，让一切创造社会财富的源泉充分涌流，让发展成果更多更公平惠及全体人民"的决定就体现了社会劳动价值理论；关于"完善发展成果考核评价体系，纠正单纯以经济增长速度评定政绩的偏向，加大资源消耗、环境损害、生态效益、产能过剩、科技创新、安全生产、新增债务等指标的权重，更加重视劳动就业、居民收入、社会保障、人民健康状况。加快建立国家统一的经济核算制度，编制全国和地方资产负债表，探索编制自然资源资产负债表"的决定就体现了国民大核算体系构想。我国"十四五"规划和2035年远景目标纲要提出，完善宏观调控政策体系，搞好跨周期政策设计，提高逆周期调节能力，促进经济总量平衡、结构优化、内外均衡。先生关于总量平衡和结构平衡是国民经济综合平衡的综合表现的学术思想，有助于加快转变政府职能，创新和完善宏观调控，提高政府治理效能。总之，先生的学术思想符合党的二十大提出的新时代新征程中国共产党的使命任务，与"五位一体"总体布局、新发展理念、新发展格局、高质量发展、中国式现代化的中国特色和本质要求相一致。

在新时代，构建中国特色哲学社会科学学科体系、学术体系和话语体系，深入实施哲学社会科学创新工程，培养哲学社会科学人才，加强中国特色新型智库建设，都迫切需要学习和继承先生不忘初心、牢记使命、开拓创新、严谨治学、自强不息、止于至善的品格与精神。

厦大经院：教材讲义的记忆

◎ 杨志勇

男，厦门大学经济学院原财政金融系 1993 级硕士研究生，原财政金融系 1996 级博士研究生。现任中国社会科学院财经战略研究院副院长、研究员。1999—2005 年曾在厦门大学经济学院任教。

2022年是厦大经济学院成立40周年。近20年来，厦大经济学科的现代化步伐在加快，这与王亚南经济研究院（WISE）的支撑作用不无关系。随着经院与WISE的深度融合，再加上邹至庄经济研究院的建立，厦大经济学科已经进入腾飞的新时期。

1993—2005年，我在厦大经济学院读了6年书，教了6年书。这12年，正是社会主义市场经济体制改革目标明确之后的初始阶段，也是厦大经济学教育发生重要转变的开始阶段。这12年对于我个人来说，分为两个不同阶段，先是学习，后是教学。个人角色的转变，让我在经济改革和高等教育改革并进的浪潮中，感受到经济学教育的一些变化。个人视角的记录，或许可以为未来提供一点小小的见证。在大学史的研究中，我注意到教学细节散落在各处，是最难系统记录下来的。我就凭借记忆，记录这12年中与个人相关的一些教学材料（教材、讲义和授课内容等）。

学习记忆

我在厦大的各种活动主要是以学系为主体。我的研究生阶段的教育是在财政金融系（财金系）完成的。在硕士研究生学习阶段，当时的财政学、货币银行学（这是当时的专业名称，后来演变为"金融学"）的教科类研究生数量极少，统招名额各4个，后来有所扩招，但也有推免后未入学的，总共也就10个人，各种活动基本上都在一起。经济学院的一些共同课是通开的，和财金系一起上课的主要是会计系、计统系的同学。研一的《资本论》（第一卷）课程是经济系陈谋篯老师授课，教材就是《资本论》，经典讲解是这门课的特色。当时陈老师推荐的参考书是陈征的《〈资本论〉解说》。一开始，我们都纳闷，王亚南先生是《资本论》研究的大家，怎么参考书用的是师大的呢？后来才明白其中的奥妙。《〈资本论〉解说》确实写得好，师大和厦大之间的联系也很多，成为参考书纯靠书的品质。这是一门大课，教室在 D110。

20世纪90年代互联网刚刚兴起，师生可以接触到的外界知识是有限的。不少教师出国访学，重要任务是搜罗学术资料。对于研究生教育，个人曾经充满憧憬，以为会有很大的不同。曾经想象研究生阶段的专业课教材主要是英文原版教材，最后所接触到的与想象的有差距。"财政理论研究"的授课老师是财金系主任邱华炳教授。邱老师为了让同学们听懂他的晋江口音，尽可能放慢语速，逐字清晰吐出，印象极为深刻。上邱老师的课，主要是记笔记，有问题留着课后去研究。邱老师主编的《现代财政学》（后来改为《财政学教程》）被厦门大学出版社作为教材出版，列入"南强丛书"，反映了当时授课的内容。财金系财政学课程用的教材是邓子基老师的《财政学原理》，其他系就用邱老师主编的这本教材。我给经济系、计划统计系上"财政学"课时用的就是这本教材。

硕士研究生学习阶段学习的课程"西方财政理论研究"和"比较财政研究"都是张馨老师授课，当时也没有明确的教材。参考书包括布朗和杰克逊的《公共部门经济学》，这本在英国具有代表性的财政学教科书，对西方财政学在中国的传播产生了较大影响（有的中文教科书直接沿袭该书主体框架）。后来张老师带领我们翻译这本书，并在中国人民大学出版社出版，让更多学子有机会读到。张馨老师的《财政·计划·市场——中西财政比较与借鉴》是"比较财政研究"课程的重要参考书，该书后来获得国家教委首届人文社会科学优秀成果奖二等奖。这是含金量极高的奖，首届一等奖获得者中有许多是学术界有长期学术积累的老前辈。教学重在启发，教学中提到的不少问题，都是张馨老师自己当时在研究的。税收类课程主要有两门，即"比较税收制度"和"国际税收研究"，一直是杨斌教授授课。可是我们那一届和前后各届都不一样，杨斌老师去英国访学，改由雷根强老师和纪益成老师授课。杨斌老师虽然没有直接给我们这一届硕士研究生上课，但是他的专著《比较税收制度——兼论我国现行税制的完善》是课程的重要参考书，我们都从中受益。

专业课"财政管理研究"是邱震源教授授课。他早年毕业于上海财经学院，所著的教材《财政管理概论》是我们的重要课程材料。在课堂上，他还给我们讲他承担的境外国有资产管理研究课题。这个课题，就是放在今天，都是很前沿的。上课时，恰逢国地税分设，当时有在职的同学问应该选择国税还是地税。他的回答是：如果多数人选择国税，那么你就去地税；如果多数人选择地税，那么你就去国税。对于厦门的同学来说，听老师的话，肯定不吃亏。

我的硕士研究生学习阶段的研究方向是企业财务管理，这是财政学专业有时代印记的一个研究方向。我的硕士生导师庄志加教授开设"资产评估研究"课程，主要是根据讲义授课，我也有幸参加厦大资产评估事务所的实习，较长时间参与漳州制药厂的评估，因此对片仔癀公司有了较多的了解。此外，还远赴秦皇岛，参加一家大公司的评估工作，真正体会到专业理论与实践相结合的重要性。庄老师是厦大财会1962级本科毕业生，长期在"三线"企业工作，改革开放后回到厦大，是第一批注册会计师和注册资产评估师。后来他将主要精力转回学术。1995年他评上教授，可惜天不假年，积劳成疾，本想大休一场就可以继续学术事业，但还是在1996年初就驾鹤西归。后来我的论文指导老师就变更为财务会计教研室的陈荣奎老师。

硕士研究生学习阶段有一门"神奇"的课程——"马克思恩格斯财政思想研究"。说它神奇，是因为授课方式太特别。这门课有一本重要的同名参考书，授课者是作者之一的杨炳昆教授。传说杨老师是王亚南先生的关门弟子之一，对他的记忆力我们极为钦佩。每次上课都在厦大财政科学研究所的办公室，杨老师携一手提包进门，包放桌上，从不打开，坐下就讲，我们只负责记笔记。同学们记得"死去活来"，笔记俨然是一本书，这是在体验"神奇"。如今想来，这么好的记忆力，真是"神奇"。

研三时我还修了江曙霞教授的研究生课程"银行监管研究"，该课程的重点之一是商业银行的资本充足率管制。江老师当时刚出版的《银行监督管理与资本充足性管制》，是国内第一本研究巴塞尔协议的著作，自然成为课程的重要参考书。1993年底，江老师博士论文答辩，我有幸旁听，第一次接触这方面的知识。我的关于外资银行监管的课程作业后来在江老师推荐下发表。记得当年还是手写稿，江老师甚至帮我改了一个多年来自己一直没有意识到的错别字。

在硕士研究生阶段，我对职业生涯并没有太合适的定位。虽是教科类研究生，或受当时社会风气影响，同学中多数人还是害怕去当教师。研二时，邱华炳老师有意让我当科研助手，我甚至有点担心因此而被留校。厦大图书馆文科图书丰富，特别是世界银行的"教师研究生文科贷款项目"图书，对我们的学习帮助很大。但就是这么好的条件，我也没能充分利用。

进入博士研究生学习阶段，当时多数人的职业生涯定位仍是业界，我只是等到博士研究生学习最后一年才确定留校。这个选择绝对不是随大流。当时系里教师中，从本科一直读到博士，再留校的，仅杨斌老师一人。

博士研究生学习阶段，邓子基教授给我们上"财政理论研究"，一起上课的仅三人——张利霞、潘贤掌和我，上课一直在敬贤九邓老师家中。邓老师是"国家分配论"的重要倡导者之一，他的授课让我们更系统地了解"国家分配论"，了解厦大的财政学及新中国财政学科发展史。邓老师的文集《财政理论研究》上、下册，以及《财政学原理》都是这门课的重要参考资料。这门课的"副产品"是我们三人协助邓老师修订了高等学校文科教材《财政学原理》。1999年博士毕业留校后，我承担"财政学"课程的教学工作，当时财金系里统一用这本书作为教材。该书写法较为抽象，对于本科生来说，理解起来并不容易。我尽可能结合实际，让听课同学可以更好地领会社会主义财政学的精髓。这门课虽然教材全系统一，但考试由授课老师自行组织，自行命题。记得期末考试时，我找来大量阅读资料，让同学们结合财政学原理进行作答。

张馨老师给我们讲授"西方财政学说史"和"比较财政学"。"西方财政学说史"的主要内容在《当代财政与财政学主流》一书中已有展示，参考书中有许多是商务印书馆的汉译名著。张馨老师的专著性教材《比较财政学教程》（"九五"国家教委重点教材）是"比较财政学"课程的主要参考书。听课、阅读、讨论、写作，是多数研究生专业课教学的标配。英文文献是当年较为稀缺的教学资源，图书馆的英文书籍、张老师海外访学带回来的论文，是学习的重要材料。随着互联网的兴起，越来越多的学术资源可以通过网络获取。爱思唯尔公司的期刊论文，最初可以免费下载，只是需要支付不菲的上网费。但不管怎么说，可读的最新的期刊论文一下子多了起来。后来图书馆订阅的更多数字资源，让出国访学只是为了寻找资料的必要性大幅度下降。对于我来说，博士生阶段重点是研究财政理论发展史，需要查阅的资料较多。有了这样的条件，论文才能顺利完成。

传统的教学方式，对于学生学习的自觉性，对于教师引导的专门性，都有很高的要求。牛津式教学，甚至对生源都有严苛的要求，否则容易出现"方差"很大的毕业生。或许是当年学生人数较少，实质上还是"精英教育"，毕业生在各自岗位做出了应有的贡献，成才率总体看来还是很高的。

教书记忆

在厦大，我教过很多班级，各类学生都有，本科生、研究生，本专业、其他专业，在职学生和全脱产学生，不一而足。一开始遇到的在职学生绝大多数都比我年纪大，有点不太适应，后来掌握规律，当然也闹出点小事件，最后对在职学生不敢说得心应手，但在教学上总体看比教普通本科生更加适应。

我给厦大本科生授课，最早的一届是1994级财政专业。教科类的博士生本来就有教学实习的要求，之前一般只负责课程的一部分，但对我们这届博士生，张馨老师要求我们负责"西方财政学"教学的全过程。当时没有指定教材，只能自己编写讲义。在授课中，我也参考了邓子基主编、张馨参编的《现代西方财政学》。上一次课（两小节），基本上要耗费我一整天的备课时间。通过教学，内容组织和教学方法都有改进。"西方财政学"不同于早先的"资本主义国家财政"课程，重在原汁原味介绍西方的财政学。我在博士毕业后，陆续给财金系1997级、1998级、1999级、2000级的学生上过这门课。1998级用的教材是刘宇飞的《当代西方财政学》，对于西方经济学基础不够牢靠的学生来说，这本教材有一定的难度。但是，最终期末考试成绩竟有同学接近满分，财金系生源真是了得！ 1999级用的是哈维·罗森的《财政学》英文原版教材，那时教育部推广双语教学。该教材直接从麦格劳·希尔公司订购，尽管出版商给了很低的折扣，但是100多元的书价就当时的书价来说，也不算低，麦格劳·希尔公司的代表说这是当时中国的第一份本科生订单。很遗憾，不少同学的书散架了，我不知道是书的品质问题，还是同学们勤奋翻书所致。我的体验是，纯英文教学效果不够理想，尽管备课用了更多的时间，也准备了不少中国案例。当然，现在情况不一样了，教师水平更高，学生英文基础也更好。

自2000级之后，我很少给本科生上"西方财政学"这门课，倒是给成人教育学生上了几次相关课程。给全脱产的税务专升本上了两次"财政原理与比较财政制度"，这门课基本上等同于"西方财政学"。对于成人教育学生来说，第一次教学比较失败，第二次用哈维·罗森的《财政学》第四版的中译本，尽管中译本品质不够理想，但授课较为顺利，与市场经济相结合的财政理论与实践，还是能让学生受益。记得给云南专升本班上"西方财政学"，有一段时间用的是上海财经大学蒋洪教授主编的《财政学》。

留校后，我也给研究生课程班上过多次"财政学"课程，课程班统考的提纲是中国人民大学出的，依据是陈共教授主编的《财政学》，授课时就不得不以此教材为基础，但同时也增加了不少内容。那本《财政学》教材是本科生教材，自然不能照单全收。也正因为如此，我对陈共教授多个版本的《财政学》较为熟悉。

我给2000级财政本科班上"西方经济学"，倾向于原汁原味的经济学教材，没有选用当时流行的高鸿业的《西方经济学》，主要是因为高鸿业的教材较为抽象，不够有趣。微观经济学部分选用平狄克和鲁宾菲尔德的《微观经济学》，宏观经济学部分用曼昆的《宏观经济学》，都是中级经济学教材，且都是中译本。后来，一方面，适应教育部要求双语教学要求，教材改用英文原版；另一方面，中译本存在的一些专业名词错误问题，总是令人难以忍受，如将"tax credit"（税收抵免）翻译为"税收信贷"等等；同时考虑到学生的接受程度以及教材的可得性，最后几届学生的西方经济学教材确定为清华大学出版社影印版的英文原版教材，微观经济学仍然用平狄克和鲁宾菲尔德的版本，宏观经济学用布兰查德的版本。布兰查德的教材面世不久，当时也不算太流行，但我觉得该教材的分析较有特色，就坚持使用下去。WISE入学进行宏观经济学考试，最初的指定教材选布兰查德的这本，与这有密切关系。英文教材配有丰富的教学资源，使用较为方便，对教学极为有利。后来，经济学院统一加开"经济学原理"课程。我个人觉得厦大这样的学校，完全可以直接从中级开始，原理课程没有必要开设。起初，"经济学原理"课程可以灵活选教材，我选帕金的《经济学》。再后来，统一课程，加上统一教材，教材也全部变成中译本，我选择教材的自主权就丧失了，那已经不是个人的教材记忆了。

2002年财政系、金融系分设之后，我担任财政系副主任，不少新课"砸"在自己手中。这直接导致我给本科上过多门新课，包括"博弈论基础""社会保障理论""中国经济""制度经济学"等等。新课中，我自认为，所讲授的"制度经济学"较有特色，也较受学生欢迎。这门课的基础是自己编写的讲义，授课中不时有发挥，一部分同学也做了较好的笔记，但遗憾的是，讲义一直未能成书。

漳州校区开办后，多数教师都有去那里上课的任务。在漳州校区上课，上班路线虽是世界上最浪漫的，但耗时较多；如遇台风或其他恶劣天气，就更加麻烦，上课需要附加的时间太多了。我也去那里上过"经济学原理"，统一的课程，内容没有太特别之处，就不多说了。

教学成果很难评估，教学积累可以让讲义变成真正的教材。在张馨老师的支持下，我们一起编著的《公共经济学》在清华大学出版社出版，迄今已有4版，还被列入"十一五"普通高等教育国家级规划教材。这本教材，本计划用于"西方财政学"教学，但其中有大量中国案例，且有了以中国实践为基础的体系探索，再称西方财政学已不太合适。这本教材，理工科院校和MPA（公共管理硕士）学生使用较多，已发行10万册左右。这可以视为我在厦大教学生涯的一个印记。

我在厦大的阶段，社会主义市场经济体制改革尚在探索阶段，不少市场经济新知尚在引进的路上，这样，教材尚未定型，也让我有了选择教材的可能，有了直接用讲义直接讲授的可能。我不习惯固定用一本教材，只要发现有更好的教材，我会毫不犹豫地换掉。选择什么教材，对我来说，是怎么适合怎么用。

感谢老师、同事、同学、学生，让我有了这个视角的厦大经院回忆。

一往有深情：我与厦大经济学科的故事

◎ 韩 波

男，厦门大学经济学院原国际贸易系1993级硕士研究生。现为蓝海洋（北京）基金管理有限公司合伙人，曾供职于对外贸易经济合作部外国政府贷款管理司、机电产品进出口司。

"自强不息、止于至善"所赋予的勤力前行励志追求，"上继往圣，下开来学"所承载的启智培根润心养正，铸成了百载风雨灼其华的巍巍南强，造就了芝兰玉树满阶庭的熠熠嘉庚。

我们想念它：隔石红砖，翘脊飞檐，芙蓉生春草，群贤映暮霞，清朗蕴籍的治学之所。我们关心它：公共讨论，影响决策，学科智库，独立发声，始终关注那些学养深厚的大师，如一关切传承创新的学院；我们珍爱它：凌云海天，三家村社，上弦清月，建南钟声，那个夏天，让我们遇见，点滴时光，淳淳记忆，爱上了，就是一辈子。

于是染上了一种情结，每遇校友，即便不交一言，不著一字，亦可相视而笑，莫逆于心。这究竟是为什么？我想也许是：

这段历程，发生在我们阅历社会、经历风雨走向成熟的重要开始，激情与理性并存，培根与求索共蓄，因而尤为深刻珍惜。

这片净土，印记着我们青春初心的纯美，结伴同窗，契若金兰，真心付出，情真意切，足以温暖一生。

这段时光，有悉心授业、言谈微中，词约旨达；有潜心苦读，自由思索、实践机遇。它赋予我们独特视野情怀，成为一生宝贵的精神财富，为我们挑战未知砥砺前行，奠定坚实基础。

这些都是，但不尽然，一定有更多理由，让我们具有同一种情结，历久弥新，期不闻窗外世事，曾以为毕业何遥。

作为国内最早招收研究生的大学学院之一，厦大经济学院迎来了成立的第四个十周年。为感恩以群贤承载的嘉庚精神，为纪念凭芙蓉牵绕的珍藏记忆，在此以学业之路的成长经历，致敬经济学院与授业吾师。

我的学科研究启蒙：培根需深本源用力

2019年11月30日，由厦门大学经济学院、王亚南经济研究院主办，国际经济与贸易系承办的国际经贸学科建设与发展论坛暨"新一轮高水平对外开放与高质量发展"理论研讨会、魏嵩寿教授从教70周年座谈会上，我见到了99岁濯濯古稀的魏嵩寿教授。通过其女儿"翻译"交流，老人家思路依然清晰无比，仍然记得大多数人的名字，一一关心询问我们现今状况。魏教授作为厦门大学原外贸系主任、中国国际贸易学会常务理事、中国澳大利亚研究会副主席、享受国务院政府特殊津贴专家，是校宝级大师，也是较早一批留美（1949年美国依阿华大学文学硕士）归国学者。

魏老师当年虽已73岁高龄，仍然坚持给我们只有六个人的研究生班级上课。老先生精神矍铄，站着讲授整堂，就是板书开始有些手抖，我至今清晰记得黑板上定格的四个大字——培根、本源。他开宗明义地指出，做学问就像种树，扎根深才能经得起环境变化，现阶段要打好根基而不是追求标新立异，要在本源上用力，做一个长期主义者。我入学的1993年，正值一个多周期共振向上、生机勃勃的大时代的开启，劳动力红利推动的出口贸易成为带动经济飞速发展的火车头。西方经济理论研究一时成为热潮，在好学精神与拿来主义、实用主义构成的时代风气影响下，利用西方经济理论规范性或实证性解释国内经济现象，就可以不断变换形式在许多刊物上发表文章。作为国际贸易专业的研究生，尽管自知理论研究基础尚需打磨坚实，实证分析工具仍要运用贯通，但内心总是存有急于发表文章的强烈冲动。

魏教授交给我两篇英文原版经济类文章（至今依然留存）——《天然的经济集团：一个可供选择的公式》《第三世界经济增长是否伤害第一世界的繁荣》，并反复叮嘱要求我，不只要翻译字面意思，还要关注其所依据的经济理论发展史与所运用的实证分析方法。于是我去图书馆，翻阅参考文献，系统梳理有关经济理论，苦熬到深夜。当时计算机打印还是很奢侈的，还是只能靠手笔誊写，从草稿到正式完成，我一度抄写到手臂酸痛难以抬起。记得刚完成后，我实在压抑不住内心兴奋，径直跑到了凌云宿舍旁魏教授居住的小楼。师母开了门，头一次面有难色地说不想让魏老师睡太晚，就不请我进去坐了。我这才意识到，彼时已是深夜。第二天一早，魏教授就把我叫去家里，他认真了解了我的翻译过程和查找的文献，然后交给我他修改过的稿件，我看到字里行间塞满了文字。回来后，我们几个同学还一起花了很大功夫来猜想修改的文字。一边思考脑海里浮现的是恩师严谨治学的教诲。以后的日子，每每想起这一幕让我急于求成的躁动都能有所收敛。后来我又誊写了两遍才得以交付翻译稿件，文章最终发表于《外国经济资料译丛》。看到自己的文章与署名第一次变成铅字，那份激动之情至今我难以忘怀。魏教授作为中国澳大利亚研究会的重要组织者，指导我聚焦研究澳大利亚对外贸易政策的调整变化，深入探究世界经济发展变化趋势，并作为其主导的澳大利亚研究学术年会进行主旨发言。在校学习期间还而有机会参与这样的国际学术交流活动，在那样的年代实属幸运。在魏教授的悉心指导下，我的课题研究过程可以说是压力与动力并驾，放弃与挣扎兼聚，但正是这一历练过程，成为我学术研究的启蒙，并为之后完成硕士论文乃至博士论文奠定了坚实基础。如果不是因为当年毕业，我还很有可能参加那年度在澳大利亚举办的学术年会。后来魏老师特意委托师弟联系到我，告知我这一主旨发言已共同署名发表在《亚太经济》（世界经济类核心期刊）上。

我的学科研究承继：国内视角，国际视野

20世纪40年代以来，在王亚南教授的带领下，厦大经济学科对马克思《资本论》、政治经济学基本原理及部门经济展开了广泛而深入的研究，并形成了学界公认的独树一帜的"厦大经济学派"。厦大经济学科始终强

调站在中国人立场上，用现代方法研究中国问题，用国际语言讲述中国故事，提升国际影响力和话语权，为中国经济改革与发展以及全球化实践提供理论指导。

依然记得，在学院设置的"现代国际贸易研究"、"对外贸易理论与实践"等学科课程上，教授们紧扣国际贸易发展趋势，将理论置于国际视野中加以阐述与解释，不断提出对当前经济发展与产业升级的启示和思考。这种承继学派精神以现代方法研究中国实际问题，对我当时及以后的求学之路影响深远。几位授课的教授都不约而同地强调，任何理论都有前提条件，西方经济理论是以其社会经济作为前提条件的，处于转型中的中国经济不能完全照搬西方理论指导政策实践。当时我国正积极加入世界贸易组织（WTO），各行各业都在喊"狼来了"，包括政府部门，也都在寻求入世后的突破途径。当时的学术研究主要集中在以主流经济学理论解释中国现象，或以中国的实证资料来验证主流经济学现有的理论假说，抑或是根据中国的实际情况做进一步延伸。

在学科学习与教授指导下，我开始关注先是经历上后是学术上颇受争议的经济学家林毅夫。他在1994年出版了《中国的奇迹》，2005年出版《解读中国经济没有现成模式》，2009年提出新结构经济学。他当时提出，发展中国家应该按照每个发展阶段的要素禀赋结构所决定的比较优势去选择产业，这样要素生产成本最低。如果政府帮助企业破解软硬基础设施瓶颈以降低交易费用，就可以形成竞争优势，进而创造利润，积累资本。发展中国家可以利用后发优势，以较低成本和风险引入新技术、新产业，加速经济发展和转型，实现对发达国家的追赶。受此启发，确定把发展具有国际竞争力的规模化专业贸易集团作为自己的研究方向。在导师卢荣忠教授的指导下，通过联系毕业校友，我获得了中国对外贸易经济合作部（现中国商务部）体改司以及中化进出口总公司战略研究室的帮助，它们给予了我不同层面多重维度的调研支持并提供了一手研究资料；同时，在系主任黄建忠教授的帮助下，我实地调研了建发集团与国贸集团这些厦门重点贸易集团的发展战略与改革思路。最终，我的硕士毕业论文《跨世纪战略——发展中国特色的综合商社》得以形成。

硕士毕业后我进入中国对外贸易经济合作部（现中国商务部）机电产品进出口司，见证并亲历了有效市场与有为政府共同作用下，依据要素禀赋结构与比较优势，全方位支持包括汽车、手机等机电产业成为我国外贸出口的支柱产业，推动经济结构转型升级。由于比较深入地参与并推动相关产业政策制定，我积累了一手调研资料，形成了一些政策建议思考。在考入中国人民大学区域经济研究所后，我即将学科研究方向确定为全球化背景下中国对外开放战略与区域经济协调发展研究。得益于厦大经济学院开启并滋养的学科研究方向，我最终顺利完成博士论文并获得经济学博士学位。

我的学科研究实践：知为行始，行为知成

特别怀念暑期的日子，归心似箭也难抵近70小时火车归家的漫漫长途。时任外贸系主任黄建忠教授于是通过校友关系，帮助在校的研究生联系安排外贸公司的社会实践。我们作为国际贸易专业的研究生，也只是纸上谈兵地了解一些商品贸易的操作流程与专业术语，连信用证都没见过。能在经济特区如火如荼的贸易企业工作是学业实践的难得机会。记得那时候下班回到宿舍，大家兴奋地交流着各自所从事的对外贸易行业与产品，谈论参与信用证开立、工厂验货、海关报关、码头发货等实际操作，有的同学还有机会参加广交会，结识天南地北的客商，毕业后也就从事了对外贸易行业。我当时在一家从事马口铁进口代理业务的贸易公司，拥有了人生第一份工资收入，实践操作了所有的进口环节。后来外贸系郑树东书记推动开设了贸易专业自学考试大班，也作为研究生

课程设置的教学实践内容，我获得了讲授"对外贸易理论与实践"这门课程的机会。尽管有着一定的专业理论基础，如果没有比较深入的实操经验，站上三尺讲台还真难免心慌，很难有底气面对台下带着学习渴望与怀疑的眼神的自考班学员。最终，我顺利完成了这门课程的讲授，据同学们反映，教学效果还不错。更为难得的是，在这一过程中我感受到了师者传道授业的自豪与责任。毕业多年后，自考班上过课的学生到北京还联系到我，那一声"老师"，构成了我心底的难忘印记。

1996年我毕业分配到了中国对外贸易经济合作部（现商务部），有幸参与了我国扩大对外开放进而融入世界经济的关键推进进程。作为我国机电产品进出口行业管理部门，我参与了加入世界贸易组织谈判中关于非关税措施内容的相关谈判工作，见证了我国宏观管理体系前所未有之大变革——政策制度的清理建章、行业开放的统筹协调、谈判期间的云谲波诡、入世过程的起伏跌宕。入世谈判团队的同事均有着国内顶级院校对外贸易与国际法律专业背景，熟悉国际贸易规则体系，洞悉相关部门决策关切，权衡对外谈判策略方案。身处其中，如履薄冰，很多时候我们没有经验可循，实为摸着石头过河。比起入世谈判的举步维艰，需要冲破的是起于萧蔷的巨大阻力。依然清晰记得，部里从上至下众志成城的坚定信仰——排除万难，推进入世谈判进程。在那个不确定与复杂多变的特殊时期，源于嘉庚求学的专业滋养与实践历练，我的心中平添了一份笃定与勇气，也贡献了一些思考与思路。记得在那个不平凡的早晨，时任部长石广生经请示朱镕基总理，确定入世谈判协议全部内容，同事们为新时代的到来欢呼雀跃。2001年11月10日，卡塔尔多哈举行的世界贸易组织（WTO）第四届部长级会议通过了中国加入世界贸易组织的法律文件，标志着我国自1986年7月10日正式提出恢复在关贸总协定缔约方地位申请开始，历经15年终于成为世界贸易组织新成员。加入世界贸易组织为我国经济发展赢得了良好的国际环境，有力扩大了对外开放，促进了经济体制改革和经济结构的战略性调整。入世以来，中国坚持全面改革开放，充分融入世界市场和全球价值链，取得了辉煌的经济发展成就：上升为第二大经济体，对全球经济增长年均贡献率接近30％；成为全球第一大货物贸易大国、全球第二大进口市场；超过入世承诺开放九大类近120个服务业分部门，金融、保险、法律服务、分销等领域推出重大开放举措；在华设立外资企业超过100万家，外资准入持续放宽，营商环境持续改善，为全球贸易增长以及世界经济发展作出了举世瞩目的贡献。

冯友兰先生说："有朝气、有精神、自强不息而不轻举妄动的人生，并不是自然的礼物而是精神的创造。学力功夫的功用，在于辅助自然的发展，补偏救弊，此谓教育的功用。"百年风茂的厦门大学经济学科，按部就班打造学力功夫，不拘一格激发精神创造，正是诠释并弘扬了蒙以养正的教育圣功，值经济学院成立40年之际，衷心祝愿：花正红，山常青。

我的厦大经济学科缘

◎ 郝联峰

男，厦门大学经济学院原财政金融系 1994 级硕士研究生，原财政金融系 1997 级博士研究生，现任中华联合保险集团股份有限公司研究所所长，兼任国务院国资委商业发展中心首席经济学家。

从小学到研究生，我总共上过五所学校，工作后又到过一些一流高校参加进修培训，这些学校都给我留下了美好的印象，但令我记忆最深的还是厦大。如果有人问我毕业自哪里，我会深情自豪地说：厦大经济学院。

命运很奇妙，能和厦大相遇，真是做梦也想不到的事。我本科在阜阳师范学院（数学系），这是一所位置偏僻、规模很小的地方高校。我进阜阳师院第一天就想考研，但两眼一抹黑，根本不知道往哪里考。资源匮乏、信息不通、辅导无门，考什么学校，考什么专业，考什么内容，都一片茫然，就这样稀里糊涂地号称准备考研。转眼大二快结束了，我听到一则消息，比我们高两级的小腊师兄考上了厦大财政学专业研究生。造原子弹最难的是知道世上有原子弹，对我来说，考研最难的是知道能考哪里。我鼓足勇气去找到小腊的时候，他快毕业离校了，宿舍里有人在准备打包行囊。小腊清癯英俊，两眼炯炯有神，他说："厦大财政学是可以考的，这是我考研收集的复习资料，都留给你了。"（后来我才知道，也是极难考的，对外全国一年只招一名应届考生）这是我第一次见小腊，第一次听说厦大财政学，也是第一次发现一席话、一叠资料可以改变命运。

小腊去了厦大，但他就像一根无形的风筝线牵着我。两年后，我也跟到了厦大。幸福来得太突然，到厦门之前，我常吃不饱饭、衬衫不分冬夏穿，只知道坐绿皮火车从合肥到厦门要站42小时7分钟，我从来不知道还有这么漂亮的城市、这么文明的市民、这么优雅的大学！我就读的厦大财政金融系财政学专业，是当时全国唯一的财政学重点学科，财政金融系更是大师云集，有高山仰止的邓子基、永远年轻的张亦春、面严心善的邱华炳、德艺双馨的张馨、为人师表的江曙霞、思想深邃的杨斌、学贯中西的邓力平、厚德载物的邱崇明、卓而不群的陈浪南、声若洪钟的杨炳昆、专注保险的林宝清、低调内敛的兰科坤、敏锐实务的邱震源，还有更多的新锐学者如雷根强、陈工、纪益成、李子白、郑鸣、何孝星、生柳荣、童锦治、郑振龙、朱孟楠、陈正国、陈国进、邱七星、蔡一珍、陈善昂、魏立萍、张铭洪等等。

邓子基老师是我们财政学专业的学科带头人，虽然那时邓老师已经年逾古稀，不给硕士生上课了，但我们学生宿舍里依然流传着很多关于邓老师的传说。我们就这么一直保持着对邓老师的神往，直到一天跟随小腊到了邓老师住的敬贤楼。房子不大，略显陈旧，但充满书香；低矮的茶几上放着一盘橘子，邓老师的爱人王老师忙着给大家倒水，邓老师一边招呼大家坐下，一边给我们剥橘子。第一次见到学术泰斗，我们都有点紧张。邓老师笑着说，我不是泰斗，是老兵，还跟我们拉起了家常，不知不觉中，我们就仿佛在邻居老爷爷家。后来，我上了博士，邓老师给我们财政学专业博士生讲授两门课，课是到邓老师家上的，那时邓老师已经搬到带电梯的小区居住，不用再天天爬楼梯了。邓老师的课着实与众不同：一是经常讲做人的道理，将做人与做学问融会贯通；二是喜欢问答式、启发式教育；三是要求学生学完一门课得参著一本书，从强化训练中切实提高科研水平。邓老师出身贫苦，所以对困难学生总是关爱有加。如今我毕业离开厦大20多年了，邓老师也于2020年12月驾鹤西去，但他的慈祥和温暖仿佛还在昨天。

在厦大读硕士、博士期间，张馨老师都是我的导师，是张老师将我从一名经济学小白培养成在《管理世界》《数量经济技术经济研究》《财政研究》等权威核心学术期刊上发表众多论文的合格经济学博士。张老师虽然比较幽默，但不苟言笑，治学严谨，同学们都很敬畏他。我很仰慕张老师的学术和人品，一天傍晚，我鼓足勇气对张老师说，我是来毛遂自荐的，我想选您当导师。张老师很温和地看着我，鼓励我说下去。我说："既然是毛遂自荐，那就只说优点不说缺点了，于是我就自我表扬了一番。到底吹了些啥，现在也不记得了。"因为想不出有啥能拿得出手的。也许是张老师觉得这个毛头小伙子还挺有意思，他答应了做我的导师。

厦大离我家很远，厦大六年张老师家便是我家，我跟着张老师做研究，春节期间也笔耕不辍，遇到什么事情，张老师和师母就是我的主心骨。后来我在厦门结婚，我父母远在大别山的深山老林里，张老师和师母就代表新郎家长，和新娘家长一起主持婚礼。张老师改变了我的命运，但他从不求学生回报。一开始学生们不了解张老师不爱繁文缛节、请客送礼，中秋节想给张老师送盒月饼，春节想给张老师送盒茶叶，表达敬意嘛，结果被张老师严肃批评——任何礼品不分贵贱，不讲情面，一律退回。张老师说："学生本就经济不宽裕，不要乱花钱，更不要将时间和精力浪费在迎来送往上！"师恩难忘，后来我指导研究生的时候，第一课就告诉他们，学生不得给老师送礼，我们不能忘记师爷的训导啊！

厦大经济学院的学风好，一是来自老师的传承，二是来自"孩子王"的带头。像我这样，来自小地方，进厦大前根本就不知道什么叫研究生，什么叫做学问，懵懵懂懂的，受"孩子王"的影响就比较大。我的硕士同班同学"农二"张珩就是名副其实的孩子王。"农二"是老厦大，本科读厦大化学系，毕业后工作了3年，然后又考研考到财政学专业。他年龄比我大，经济条件比我好，对厦门和厦大的情况也比我熟，关键是端正、公允、无私、大方、幽默，渐渐地就成了"无冕孩子王"。我当时最好的衣服就是他送给我的藏灰茄克和农大送给我的一件鸡心领短袖毛衣，这两件衣服胸前虽然都破了小窟窿，但不是很明显。他俩毕业离开厦大两年后，我第一次去未来的丈母娘家就是穿着这两件衣服。"农二"有两大爱好，一是学习，二是锻炼身体。于是我们财政、金融两个专业一个班13名同学慢慢形成了钻研学术问题、考资格证、发表文章、跑步、游泳、惜时如命的主流氛围。吃完晚饭，我们一群自称为农民的硕士生，会在凌云二宿舍楼顶天台上一边练习太极拳，一边吼着林子祥的《男儿当自强》。学校和院系的导向也非常关键，学生评奖评优，主要看公开发表论文，你

郝联峰和同学在一起，左起：郝联峰、张珩、徐宝林（作者供图）

发表论文多，就能得到师生认可，谁潜意识里不期望得到认可呢？

就这样，我们硕士时的13名同学在共同钻研和锻炼中结下了深厚的友谊，硕士毕业时，大家各奔东西，大部分同学都走上了工作岗位，"农大""农二"去了广州，"农三"留校任教，我和其他3名同学继续攻读博士。

博士生的课程比硕士生少，自主研究时间比较多，学习主要靠自觉。我当时住在凌云一3楼，这层楼住的都是经济管理类专业的研究生，以博士生为主。很多博士生都是曾经工作过很多年的，如老尹（尹俊峰）、老龚（龚光明）、老陈（陈红卫）等，有长兄风范，其中最典型的是老王（王江），他正直、豪爽、坦诚、热心、睿智，不知不觉中他便成了新的"孩子王"。老王带着一帮师兄弟做研究、发文章、打保龄球、玩智力游戏，学得扎实，玩得开心，时间过得很快，一转眼又各奔东西。

厦大六年，是我学生时代最开心的六年，如饥似渴，刻而不苦。每周都可以听到理、工、农、文、史、哲、经、管、法等各个学科的公共讲座，生活中能交到不同地域、不同学科、不同专长的朋友，有人教投资，有人教电脑，有人陪徒步，还有一群酸土的学生一起畅谈人生理想。厦门环境美，睡眠倍儿好。厦大食堂好，吃饭倍儿香。厦大学习氛围浓，做研究、爬格子，就像玩游戏，上课、讨论、下笔、投稿、发表，每天忙得不亦乐乎。人是社会动物，开心主要不是来自物质，而是来自良师益友的精神食粮。

如今毕业离开厦大经济学院已经20多年了，由于新冠肺炎疫情的关系，我猫在家里，哪儿也没去，但最令我魂牵梦绕的远方，一个是故乡，另一个就是厦大，那是我的记忆，我的念想，我的青春年华。

从『止于至善』到『Meliora』

◎ 陈 彬

女，厦门大学经济学院原财政金
融系国际金融专业1994级本科
生，原财政金融系1998级硕士
研究生。现为美国罗切斯特大学
经济系与数据科学学院副教授。

陈彬与班级同学在一起（作者供图）

首次踏入厦门大学校园是1988年夏天，我和家人一起去厦门旅游。厦门大学雄伟壮观的建南礼堂，红砖绿瓦的芙蓉楼群，树影婆娑的映雪林荫道都映在了我的心里。再次与厦大的亲密接触时我已是厦大的一员——厦大财政金融系1994国际金融专业的新生。国际金融是当时最火爆的专业，我们班云集了各地高考状元，高材生。然而正是这个高手云集的班级却处处洋溢着温暖与和谐，课堂内我们勤奋学习，课堂外我们结伴出游，年轻的我们在最美的校园里度过了肆意的四年，也结识了一生的挚友。

本科毕业后我直升至本系金融硕士，开始初涉学术研究。财金系的学术氛围严谨又宽松，老师们对学生都非常爱护和包容。我的硕士导师朱孟楠教授是中国国金金融理论研究的领军人物，厦门大学金融学科的主要学术带头人，在汇率与外汇储备风险管理等领域有非常深入独到的研究。那时我的兴趣在于股票市场的波动分析，与朱老师的研究方向并不一致。但朱老师依然热情地鼓励我，帮我提供各种可能的学术资源，毫无保留地与我分享自己的学术经验。时至今日，想起朱老师对我的关爱与帮助，心里依然是无比温暖。时任厦门大学金融研究所所长的张亦春教授是中国金融学科泰斗，但他依然抽空给本科生、硕士生开设讲座，张老师一口连江普通话的开场白"银行是门大学问"让我至今记忆犹新。由于对定量分析的偏爱，除了本系的课程，我选修了计统系王美今教授的计量经济学，计量经济学严谨的数理推导深深吸引了我，而王老师无疑是我计量经济学的启蒙老师。厦门大学经济金融学科不仅有优秀的师资力量，更吸引了来自全国五湖四海的年轻学子。我的同窗学友有的留在了学术界，有的去了业界，他们如今都成了各行各业的翘楚，而当年的同窗情谊也是我厦大生活最值得珍惜的记忆。

陈彬与班级同学在一起（作者供图）

厦大经济学科一直具有崇尚学术交流的传统。2000年夏，时任美国康奈尔大学经济系教授的洪永淼老师为财金系硕士博士学生开设了计量经济学前沿系列讲座，而我也幸运地认识了改变我人生方向的洪老师。洪老师深入浅出地讲授了计量经济学的一些重要问题，并重点介绍了他当时正从事的利用小波分析进行设定检验的课题。虽然那时听得似懂非懂，但那些神奇的计量方法却让我无比着迷，洪老师的讲座为我打开了一扇通往一个崭新世界的大门。

硕士毕业之后，我前往美国康奈尔大学留学，师从洪永淼教授。洪老师是世界计量经济学的大师，也是厦门大学经济学科的院友。洪老师勤奋严谨的治学态度深深影响了我，我们每一个课题，从开始到定稿，总是要经过反反复复，无数次的推敲与修改；洪老师对学术科研的热情与投入更是让我折服，一同出去开会，洪老师总是不知倦怠地从第一个讲座听到最后一个，吃饭时间也不忘拉着我们一起讨论，分享心得；洪老师孜孜不倦的教书育人的方式也潜移默化地感染了我，对待每堂课，洪老师都认真准备，从不懈怠，对待每个学生，洪老师都严格要求，悉心指导。后来，在自己单独从事科研工作，指导学生时，我也不自觉地沿用洪老师的方法，或许这就是榜样的力量吧。

我在康奈尔求学期间，也恰逢洪老师接受朱崇实校长的委托，开始着手创办王亚南经济研究院，我有幸见证并参与了前期的筹备工作。当时亚南院工作人员短缺，从研究人员招聘，学院标识、网站设计，到研究生课程设置，学术会议议程，事无巨细，洪老师都亲力亲为。洪老师为厦大经济学科发展的热情感动了许多美国计量经济学的专家教授，也感染了同为厦大经济学校友的我。

博士毕业之后，我继续在美国工作，现在就职于美国罗切斯特大学经济系。很巧的是，这所百年老校的校训"Meliora"恰是拉丁文中"止于至善"的意思。冥冥之中，"自强不息，止于至善"的精神始终引领着我，督促我前行。

感恩厦大，感谢在厦大遇到的老师和同窗们！当年的同学、师兄弟、师姐妹们很多已成为厦门大学的中流砥柱，践行着母校的校训，续写着厦大经济学科的传奇！值此厦大经济学院成立40周年之际，遥寄一份深深的祝福，祝愿厦大经济学科再铸辉煌！

厦大经济学科的人文底蕴

◎ 陈世渊

男，厦门大学经济学院原财政金融系税收专业 1994 级本科生，原财政金融系 1998 级硕士研究生。现为中国建设银行（亚洲）高级副总裁、战略研究主管。

从1994年进入大学，到2001年硕士研究生毕业，我在厦大学习生活的七年时间，都在经济学院。我人生中最宝贵的青春年华都留在了这里，成为我人生中不可磨灭的烙印。每次回校园，我总感觉待不够。如今看到经济学院越办越好，我的内心充满自豪和欣喜；同时心存感恩，祝愿经济学院继往开来，越来越好！

一、宽容的氛围，可敬的师长

毕业后这么多年，特别怀念和感恩的，首先是厦大宽容的氛围。印象最深刻的是经济学院两位德高望重的老师——邓子基老师和张馨老师。他们师徒两人为我国的财政理论作出了杰出贡献，然而在国家分配论和公共财政论上却各执牛耳。学术精神薪火相传，一时成为美谈，同学们深受感染。

经济学院的许多老师都有这个特点：讲课时候认真严谨，下课后又非常平易近人。我本科时期"国家税法"课程的任课老师是雷根强教授，雷老师严谨认真的教学风格，给税务班的我们打下了坚实的理论基础。还有一门核心课程"国际税收理论"，任课老师是童锦治教授，童老师非常鼓励同学们在课堂上积极思考，踊跃发言，这一点我至今受益匪浅。童老师也是我本科毕业论文的指导老师。我的硕士导师是邱崇明教授，邱老师严谨求实的治学精神和悉心指导，给了我莫大的帮助。最难得的是，老师们都非常宽容，给我们充分的学术自由，允许我们自由思考，自由选择。

课堂上也经常会发生一些"趣事"。记得有一次课上，前后排几个同学多次窃窃私语，两米外讲台上的老师忍了几次，终于轻声说"同学请注意"，然而并没有生气，同学们也赶紧收心、专心听课。现在回想起来，挺有趣，青春年华的我们，有多少次被不经意地原谅了。毕业后，我在很多校友身上也经常看到这种宽容和豁达。

二、积极乐观的精神，自强不息的同学

那时的我们，浑身好像永远有用不完的精力。大家有时泡在图书馆，在公共教室熬到熄灯；有时去鲁迅石像下的英语角朗诵；还有时去草地上听烛光吉他弹唱。记得研究生期间，我们一大群师兄弟曾经跑步翻越五老峰，也曾在环岛路长跑，队伍前后拉开数百米，回到宿舍已是星月满天，但是谁也没有停下或者中途退出。

研究生阶段我们有机会教授几门本科课程，这是经济学院的特别安排，一方面可以锻炼研究生的教学能力，充实教学力量；另一方面，授课报酬还可以补贴生活用度。当时我非常认真地备课，一心想着把课上好，讲课的时候基本上可以不用看着讲义。后来发现学生们对我这个"新兵"老师非常尊敬，师生关系非常融洽。这让我非常高兴，很有成就感，也给了我很大的启发，原来管理就是尽心做事，赢得尊重。

还有件事至今令我难忘：那一年狮子座流星雨降临，同学们纷纷涌到后山，到处都是人。我们好不容易找了一块草地躺下，看着满天飞过的流星，觉得那一刻仿佛就是永恒。

三、知恩反哺、无私奉献的校友

在我攻读研究生期间，恰逢时任美国康奈尔大学教授洪永淼院长初来经济学院。他给研究生开了几门计量经济学课程，上课地点在经济学院后楼最高层的一间小教室内。我们怀着崇敬而紧张的心情去上课，不过很快就发现洪老师非常平易近人，并且乐于与我们交流、分享。后来我们几个学生都得到了洪老师非常宝贵的推荐信，申请到美国留学。洪

永淼院长一手创办王亚南经济研究院，把经济学院推向新的高度，成为多少厦大学子励志的楷模！

我长期在香港工作、生活，我们最亲密的朋友圈就是"旅港厦大校友会"，这也是本地最活跃的社团，其中既有老一辈华侨校友，也有很多校友企业家，还有很多新来港的年轻血液。校友们在不同时期来到"东方之珠"，因着对母校的思念聚在一起，亲密得就像一家人。我们怀念校园里每一座闽南式的红色大瓦建筑，也为背后一个个校友无私奉献的故事而骄傲、感动。

厦大人这种知恩反哺的情结令一代又一代学子受益。这是嘉庚精神在传承。"自强！自强！人生何茫茫！谁软普渡驾慈航？"厦大厚实的文化底蕴，正是经济学院不断向前发展的动力源泉。

心怀感恩，
笃行不怠

◎ 林 海

男，厦门大学经济学院原国际贸易系国际贸易专业 1994 级本科生，原财政金融系 1998 级硕士研究生，原财政金融系 2001 级博士研究生。现为新西兰惠灵顿维多利亚大学经济金融系金融学教授兼系主任。

我于1994年考入厦大国际贸易系本科，专业为国际贸易，所以大学头两年我并未接触到任何金融学的内容。直到大学三年级，基于母校强大的经济学科综合实力和宽口径的教育理念，学院为我们开设了两门金融方向的专业课——货币银行学和国际金融学，由张定忠老师和张建中老师分别授课。我一下子便被金融理论严谨的逻辑性深深吸引，便毅然决定改变专业方向，报考厦大金融学的硕士研究生，并于本科毕业后1998年顺利入学。

在厦大金融系（前身为财政金融系）求学的六年改变了我人生的方向。厦大金融系的老师各有特色，授课也各有特点，并且对学生都非常友好和包容。在六年求学生涯中我接触最多的就是我的论文导师张亦春教授和郑振龙教授。因为我一直喜欢逻辑严谨的理论体系以及基于实证数据的分析，所以就选择了金融市场的量化分析作为我的研究方向。我有幸遇到了让我感恩一辈子的老师张亦春教授和郑振龙教授。他们给了我最无私的指导和帮助。我的硕士生导师是郑振龙教授。在他的指导下，我完成了有关中国股票市场波动率的硕士论文。我的博士论文由张亦春教授和郑振龙教授联合指导。在他们的联合指导下，我完成了有关中国利率期限结构的博士论文。后来该论文获得了福建省优秀博士论文一等奖和全国百篇优秀博士论文提名奖。

张亦春老师是中国金融学科泰斗，终身致力于中国金融学研究和金融学科的发展，培养了一大批金融学的专业人才，声誉遍及海内外，荣誉众多。郑振龙老师是中国金融学科中坚力量中的佼佼者，他有机结合了中西方的知识和理论体系，对众多国内金融问题都有独到见解。张老师和郑老师也都是厦大毕业，都是厦大校训"自强不息、止于至善"的践行者，有着深刻的母校烙印。具体而言，两位老师的特点体现在以下三个方面：第一，对科研工作的全身心投入。张老师经常工作到凌晨，我会不时接到他凌晨发出的邮件，有时也会接到他的电话，凌晨到他家帮他处理电脑紧急故障。郑老师则是对感兴趣的学术问题一定要研究透彻，我们经常为了一个理论问题一起讨论上好几个小时。第二，为学生们提供宽松、包容的学术环境。两位导师都是著作等身，但他们都非常平和地与我们讨论学术问题，并鼓励我们不断探索新的学术领域。有时候我们也会对某些学术问题产生不同意见并进行辩论，老师也都非常包容。第三，给予学生们无私的支持和帮助。科研上，两位导师都使用他们的科研经费资助我参加各种学术会议，介绍我给同行认识，让我有机会报告我的研究并获得有价值的反馈。生活上，两位导师都会自掏腰包定期请我们在校研究生聚餐，组织活动，丰富我们的校园生活。

厦大金融学是全国重点学科，吸引了一大批优秀的人才来此攻读硕士和博士学位，和他们的日常交流也是我研究生学习生涯中重要的内容。大家来自五湖四海，有着不同的经历和背景，也有着鲜明的个性和人格特征，但都为了一个共同的目标努力。我硕士阶段的舍友有刘晔和许文

林海在新西兰惠灵顿维多利亚大学做教授就职演讲（作者供图）

彬，同一层楼还住着杜朝运、周颖刚等高年级的师兄。大家个性各不相同，所持观点也时有不同，经常为了一个问题讨论和辩论到午夜。这些学习生活的点滴，不仅充满了欢声笑语，也丰富了我的思考，是我人生中一段难忘的经历。如今我的这些同学有相当一部分都成了教授，大家也都在用各自的方式践行着母校的校训。

我博士毕业后跟从恩师的脚步于2004年留校任教。不久美国康奈尔大学洪永淼教授担任厦大王亚南经济研究院院长。洪教授大力提倡学术研究方法的国际化，并着重提升青年教师的学术研究能力。他实施的青年教师海外进修计划，资助年轻教师赴海外进修半年至一年。我也有幸成为其中一员，于2006年赴美国康奈尔大学访问半年。在此期间我遇到了同期在康奈尔大学访问的吴俊吉教授。吴教授当时任职于新加坡管理大学，担任金融学教授和学科负责人，是固定收益证券研究领域的一流学者，成果丰硕，对我的研究也帮助甚多。我们拥有共同的研究兴趣，便一直合作至今。在康奈尔大学访学期间，我也得到了洪永淼教授及其夫人王昕女士极其细致的关怀和照顾。洪教授的研究领域是计量经济学，有着很高的国际学术声誉。在他的指导下，我们开展了合作研究，也取得了一些研究成果。他严谨、细致的学术态度和研究成果应兼顾可读性和学术性的学术理念，都让我受益匪浅。一个具体例子就是他曾无数次修改我们合作论文的前言，使其顺畅，更有可读性。洪教授及其夫人都是厦大校友，周末经常邀请我们在康奈尔大学的厦大学子前往其家中聚会，畅谈工作和生活。洪夫人还会给我们准备可口的饭菜，这也让我们清苦的访学生活充满了温暖。在完成了美国的访问计划后，我又接受了吴俊吉教授的邀请，前往新加坡管理大学访问，和吴教授开展进一步的合作研究。

我于2010年赴新西兰高校任职，此后也曾不定期地回母校访问，做学术报告，进行学术交流。在这过程中，我亲身感受到母校金融学科的蓬勃发展。厦大金融学科保持并扩大了其在国内外的影响力，越来越多的研究成果发表在国际一流金融学期刊上；全球各地的优秀人才也被吸引至此，从事金融学术科研工作；合作的高校也遍布全球。相比上海、北京的高校，厦大并没有地域上的优势，目睹母校金融学科在困难重重的情况下仍获得了如此可喜的发展，我作为系友深感自豪。

回想20多年金融学的学习和工作生涯，我无疑是幸运的。如果没有大学三年级选修的金融学课程，我可能一辈子就和金融学无缘了。如果没有张亦春教授、郑振龙教授等厦大金融系老师的无私和包容，我就没有成长的条件和空间。如果没有洪永淼教授实施的进修计划，我就无法在最佳的年华参与金融学术的国际合作和研究。仔细品味，我的幸运无不体现着母校的人文关怀底蕴以及强大的经济金融学科综合实力。这种底蕴和实力是由厦大校主陈嘉庚先生代代传承，并通过校长王亚南教授和厦大经济金融学子们不断努力所成就的。背靠这种底蕴和实力，我在金融学方向逐步前行。面对来自毕业于国际一流高校同行的竞争，我心怀自信，并赢得尊重。感恩厦大，感谢我的导师们，祝愿厦大经济学科再创辉煌！

感恩遇见

◎ 冯文丽

女，厦门大学经济学院原财政
金融系 1997 级硕士研究生，
原财政金融系 2000 级博士研究
生。现任河北经贸大学农业保险
研究所所长、京津冀协同发展
河北省协同创新中心教授。

在大学从教25年的我，越来越能体会教育对人的改变。回顾自己走过的路，最幸运的事，莫过于在最渴求知识的年纪，走进厦大，遇见了改变命运和改变认知的厦大人。

1996年，我大学刚毕业留校任教。为了能在讲台上有底气，我迫切地想进修深造。1997年，一个偶然的机会，我得知厦门大学财政金融系在河北大学有一个硕士课程班。我深知进修的好机会来了，这么好的学校，又在离家不远的保定，还不用离开单位影响工作。因为刚大学毕业，经济还比较拮据，我借了8000元学费，走进厦大课程班学习进修。现在来看，这是我目前做的最好的投资，加的最正确的杠杆。

当时，财金系为课程班配了最好的老师，给我们上课的老师有林宝清老师、邱华炳老师、张馨老师、郑荣鸣老师、郑振

2007年8月，冯文丽前往美国天普大学进修风险管理与保险（作者供图）

龙老师、朱孟楠老师、邱崇明老师、李子白老师等。每位老师的课，我都坐在第一排，瞪大眼睛看，竖着耳朵听，认真记笔记。老师们不仅传授了知识，也教会了刚毕业、年轻气盛、不懂人情世故的我很多做人的道理、做事的方法。

我先说说恩师林宝清教授。认识20多年来，林老师亦师亦父亦友，对我影响非常大，也是改变我命运的贵人。初识林老师，是林老师给我们上的硕士课程"保险学"，他后来也是我的毕业论文指导老师。林老师治学严谨，不会因为我是硕士课程班的在职学员而丝毫降低对论文的要求。他要求我全脱产去厦大写在职硕士论文，但是我工作实在脱不开身，只好寒假去厦大写论文。由于基础薄弱，我的论文进展不顺利，再加上快过年了，校园几乎都没有什么人，我很沮丧，也没心思写论文了，就跟林老师借口说没有地方住，酒店又太贵，要回家去写。然而我万万没想到的是，林老师居然给我借了一套房子，让我继续写。这可真的是将了我一军，再也没什么可以回家的理由了，只好踏踏实实写论文，一直写到大年三十才回家。世上没有白吃的苦，在林老师的严格要求下，我是课程班上90多名同学中最早拿到硕士学位的，只用了3年时间，这对于在职人员来说算是非常快的了。硕士毕业后，我又报考了林老师的博士。我想，老师严格，学生才能学到真本领。

博士开学第一天，我去拜访林老师，林老师没有寒暄，开门见山问我毕业论文准备写什么。我一下子被问懵了，刚来学校第一天，我怎么知道毕业论文写什么。林老师却淡淡地说："你的毕业论文要有创新，不然没法开题。"

从林老师家出来后，我感到压力非常大，"有创新"，太难了！为了达到林老师要求的"有创新"，我天天泡在图书馆阅读文献，花了一年多时间，几乎把金融保险领域的文献都翻遍了，终于找到当时理论界鲜有人研究、实务界濒临停办但对我国农业发展至关重要、可能会有创新的农业保险方向。

林老师对这个选题很认可。因为研究得比较早，我在博士三年级时就非常荣幸地在《金融研究》杂志上发表了论文《我国农业保险市场失灵与制度供给》，后来这篇论文在我国农业保险领域单篇引用率一直很高。我的博士论文《我国农业保险制度变迁研究》，也是我国第二篇农业保险博士论文。答辩时我得了92分，并被厦门大学国家级金融重点学科列为标志性成果资助出版。今年，我闲来翻看当年的博士论文，发现竟然过去快20年了。然而当时论文里提出的很多观点，都和后来我国实施的农业保险政策高度一致，甚至有一些观点还可能对我国未来的农业保险工作具有参考意义。这个在厦大找到的博士论文选题，20年来也一直是我的研究方向，以后我还将继续研究下去。所以说，厦大不仅给了我硕士、博士学位，还给了我终身研究的"金饭碗"。

上学期间，我对严肃的林老师一直很敬畏，话也不敢和他多说，打电话时长都没有超过56秒，因为他要求学生三句话要把问题说清楚。直到论文答辩那一天，我和连锦泉师兄的论文都得了90多分，林老师开心得像孩子一样，和我们一起狂欢庆祝，我才稍微有些放松。

毕业后，我一直和林老师保持着联系，工作上有困惑时还是习惯先请教老师。时间久了，我才发现，林老师虽然表面严肃耿直，其实人非常善良、包容、有趣。我们组团回去看望林老师时，他总是开心地给我们拉小提琴、念诗，还让我们看他写的书法。我们最近一次见面是2020年，令人欣慰的是，70

多岁的林老师，嗓门依旧大，酒量依旧大，这说明他身体非常健康。

张亦春老师是我们国家金融学界的泰斗，我从他身上也学到了很多。张老师给我们上课时已经70多岁了，但他还能站着上一天课。我担心老人家太累了，就去值班室借了一把凳子，请张老师坐下讲，然而张老师说什么也不肯。我至今仍记得张老师上课时给我们讲过的一个很朴素的道理："你们在社会上与人交往，要多主动帮助别人，你帮助的人多了，当你有困难时，别人才会帮助你。"这么多年来，我一直按照张老师说的这句话去做，果然发现身边愿意帮我的人越来越多。这真是一句良言，让我受益终身。毕业时，张老师多次劝我留校，我也心动了，但家里人都觉得厦门离家太远，我只好放弃。这至今也是我一个很大的遗憾。

郑荣鸣老师当时给我们课程班上的是"比较金融制度"，她讲课严谨仔细，语调柔声细语，和蔼可亲。结课时，郑老师给我们留了电子邮箱，说有事可以给她写信。1997年，我买了当时还很少见的电脑，注册了邮箱，想试试怎么收发邮件。于是，人生中的第一封电子邮件就发给了郑老师。郑老师很快给我回了邮件，我收到后很兴奋，在感受电子邮件神奇的同时，我似乎也看到了邮件那头亲切的郑老师。1999年寒假，我一个人在学校写硕士论文，压力太大，写不出来，校园里没什么人，我又人生地不熟，正不知道如何排解之时，我居然拨通了郑老师电话，而且啰里啰嗦一说就是半个多小时。没想到郑老师不但一点都没有不耐烦，反而耐心宽慰我，给我出主意，教我论文怎么写。多年以后，好多次，我一想起郑老师，都心存内疚、感激和敬佩，想想那时候自己是多么的年轻不懂事，居然耽误老师那么多时间听我啰嗦，也非常感激郑老师在我最孤独无助的时候给予我很多宽慰。后来，每当学生有任何困难找我倾诉的时候，我都学着郑老师当年的样子，耐心倾听，安慰建议。

2021年5月18日，上海太安农业保险研究院理事长顾越为冯文丽颁发专家聘书（作者供图）

在厦大，我还非常幸地遇到了很多好同学、好同门，他们都很有才华，很有思想，人也都非常谦和、热心。上学时，我们会经常在一起聊天喝茶，吃大排档，交流学业。如今虽然毕业了，我还是会定期回厦门找大家聚会，每次聚会后，我都感觉自己又增长了很多见识，思想也得到了提升。

初心不渝
此志不懈
我与厦大经济学科的二三事

◎ 蔡莹彬

男，厦门大学经济学院原国际
贸易系国际贸易专业 1997 级
本科生。现任厦门国贸集团股
份有限公司党委委员、总裁。

许是时常返校汲取启发与思考的关系，我感觉自己从未离开过厦大、离开经院。过去种种仿若昨日，只因在这里，在这二三事间，我找到了自己从业的初心和拼搏向前的能量。

我1997年入学，"自律杯"知识竞赛是我们当年新生入学的第一个挑战，这是一个关于厦大校史校规的团体赛，各院系新生组队参赛。犹记当时入选时，学长郑重其事地托以一句"此前数届，冠军都是我们国贸系！"让我既倍感荣耀，又深觉责任重大。这份"重"在我后来深入学习校史校规后得到进一步加深。爱国华侨陈嘉庚先生于民族积弱危亡之时创办厦大，因救国而生，为强国而建，这样的家国情怀与强国梦想深深感染了年轻的我。

比赛前的那段日子，我们几个参赛者自发起早贪黑背诵习题，每日互考互训，做到所有知识点了然于胸，然而即便如此，大家并未有分毫懈怠，还是一遍遍磨砺着细节。在学长学姐的辅导下，我们把所有环节都拆成专项练习，所有细节也都被打磨雕琢得无可挑剔——从材料的记忆，到知识点学习、反应训练、心理训练、模拟战，一项项都精益求精。还记得我们为了更快抢答，甚至天天做起了"抓尺子"的反应训练。在每日润物细无声的细节积累中，厦大人"止于至善"的精神得以初现。

最终，我们历经重重关卡蝉联冠军，那种相拥欢呼的激动至今仍记忆犹新。"自律杯"虽然结束了，但我们把荣耀留在了经院，也将对厦大的归属感和"自强不息、止于至善、志怀家国"的情怀篆刻到了我们的人生轨迹中。

大三时，我们赶上了"挑战杯"中国大学生创业计划竞赛，为期近一年。我非常感谢那次的经历，因为这不仅仅是一场比赛，更是我的一次学以致用之旅，是践行团队协作精神的人生大课堂。

因为是第一届，所以当时报名时我们也没想到比赛的体量和压力是如此之大，不过大家都甘之如饴，因为这是绝佳的学以致用的机会。参加这个比赛需要做的事情很多，有商业模式、财务分析、战略规划、营销策略这类专业文件要写，还有创业类的模型也要做。记得为了比赛，我们几个队友那一段时间几乎都吃住在一起，教室、宿舍、图书馆、食堂，一起学习，一起探索，一起打磨。无论是遇到困难堵点的时候，还是筋疲力尽的时候，大家始终相互支持、相互激励。当然，老师们当仁不让地成为我们坚实的智囊团，邓力平老师、郑甘澍老师等都用心地指导我们，帮助我们解决了一个又一个难题。这也是我第一次脱离学生的视角，体验到团队互助、共进、共享的氛围。群策群力地从孕生一个想法，到做大量的知识输入和共享，再到项目的分工合作，逐渐成形，我们在协作中学习，在学习中实践，在实践中探索，在探索中磨砺。这样的经历，对于学生时代的我，尤为宝贵。

1997年是我入学的第一年，更是中国入世举足轻重的一年，记得那一年中国在入世上取得了多个里程碑式的突破，如与美国、欧盟、日本、韩国等磋商，部分甚至成功达成双边协议。我所学的专业是国际贸易，对入世的关注贯穿我的大学生涯，当时见证历史的恢弘感至今仍沉淀在我心中。从大一起，老师就带我们时刻关注和讨论入世谈判的进展，我们一起剖析时政，分析利弊，不仅对专业有了更深的理解，而且更像是打开了探索世界政治经济风云变幻的大门，那种"前景广阔，未来可期，产业报国"的价值感、使命感在我们心中逐渐成形，并不断鞭策我们奋发求学。2000年，我大四实习时，中国入世格局基本敲定，中国广阔的市场和波澜壮阔的未来在我们年轻学子面前徐徐展开，怎能不令人心潮澎湃？正是基于此，我选择了到厦门国贸集团这样一家从事国际贸易的国有企业实习，并且作为我职业生涯的起点。

回想四年芙蓉湖畔的光阴，我们作为厦大的学子，不仅意味着拥有光耀的校徽、绝佳的环境、光明的前程，更意味着责任与传承、共创与共享，还有时代赋予我辈的使命与厦大人对"自强不息、止于至善"的追求——无论世界局势如何纷繁多变，经济形势如何跌宕起伏，我们都应努力站在国际贸易的最前列，披荆斩棘，砥砺前行。唯望在厦大铸就的初心不渝，此志不懈，能够为祖国的繁荣昌盛贡献自己的绵薄之力。

翼彼南风，自强不息

◎ 钱振金

男，厦门大学经济学院原国际贸易系国际贸易专业 1998 级本科生。现任艾德（福建）投资有限公司足驰事业部副总经理。

百年恰是风华茂，四十而立正当年！2021年普天同庆，我们迎来母校百年华诞；2022年，再接厦门大学经济学院建院40周年！春风又一度吹过了厦门大学，绿了芙蓉湖，红了凤凰木。韶华不为少年留，再回首，阔别大学校园已二十载，回忆起那段青春燃烧的岁月，似已久远，又恍如昨夜。

1998年是非同寻常的一年，这一年亚洲金融危机进一步蔓延深化，国际金融市场持续动荡，世界经济挣扎于低谷中。而在中国，一场"世纪洪水"席卷神州大地，"环球同此凉热"。这一年又是孕育新生与变化的一年，比尔·盖茨发布了Windows 98系统，马化腾开始做腾讯QQ，搜狐、新浪、京东正式创立，中国互联网的黄金时代正式开启。就在这苦难与希望并存的神奇之年，我与厦大"相约98"，带上行囊，从闽西一路翻山越岭，有幸成为厦门大学经济学院国际贸易系的一员。

第一天进入厦大校园的情景如今依然历历在目。到处都是热情的笑脸，洋溢着书卷之气与青春活力，第一次看到了心驰神往的大海。风从海上来，在校园中游荡，透着咸咸的气息，这是我大学四年的青春味道。在那个懵懂又充满期待的夜晚，不禁想起陶渊明的"好风自南，翼彼新苗"。是的，未来的四年，我们正如新苗一样，在这南风的吹拂下茁壮成长，在学习与实践中深刻领悟厦大校训"自强不息、止于至善"。

在全国高校中，母校有很多专业院系数一数二。经济学院当仁不让也是最早、最重要和最出色的学院之一。百年前，校主陈嘉庚创办厦大，秉持的就是"教育救国"和"实业强国"的理念。因此，教育与商科（经济）成了1921年厦大开创之际最早的两个学科。百年来，厦大经济学科作为本校的支柱学科和中国经济学的重镇之一，为国家培养了大批的栋梁之才。能在这样的院系学习，无疑是值得骄傲的，何况当年在市场经济的浪潮下，经济学类的专业更是考生们竞相追逐的目标。生逢其时，又学逢其机，面朝大海，就要做时代的弄潮儿。

记得开学第一课是时任经济学院国贸系党委书记郑树东老师主讲的"大学生成才修养"。他这样定义大学：读大学，不仅仅是为将来谋生做准备，更是一种自我历练与成长。郑老师的讲话我至今记忆犹新。他高屋建瓴，旁征博引，强调成才先要成人，并详细讲解了树立正确三观对今后学习生活的重要性。我顿感醍醐灌顶，郑老师的话，为我们这些刚从高中进入象牙塔的懵懂青年未来四年的学习生活指引了方向，也让我们理解了"经济"二字在中国人的文化中更多的是"经世济民"之意。这也坚定了我们"要做一个对社会有用的人才，就必须在大学这个熔炉中把自己打造成一块过硬的钢"的信念。

我读本科的四年，恰逢世纪之交，时代风云变幻。无法忘记，1999年10月9日14号台风正面袭击厦门，其惊人的破坏力让整个厦门市面目全非，而厦大不幸又成为此次台风的重灾区。往日环湖皆树、郁郁葱葱的芙蓉湖畔在风雨过后一片狼藉，各类树木东倒西歪，所见之处满目疮痍。就是这次台风过后，芙蓉湖畔兴起一场改造运动。改造后，芙蓉楼群修缮了，湖畔的树也变少了。记得那时，有些校友对此颇感不适，觉得芙蓉湖因此失去了不少往日的风姿。虽然焕然一新的楼群或许会让人学习精力更加充沛，但少了树木的掩映，注定要损失不少爱情故事。

当然，我真正想说的是，芙蓉湖畔的变化或许正是当年中国发展世态的一个缩影和象征。20世纪末的那场台风，将厦大从浪漫主义刮回了现实。与此同时，亚洲金融危机的阴霾渐渐散去，中国经济以更加开放的姿态拥抱世界，与时代接轨。而作为国际贸易系的学生，我们无疑对此更加敏感，躬逢其盛。

2000年，中美建立永久性正常贸易关系，在随后的8年里，中国对美国货物出口实现了大幅增长。也正是在这一年，时任国务院总理朱镕基提出建立中国—东盟自贸区的设想，如今东盟已经超越欧盟，成为中国第一大贸易伙伴。2001年底，中国正式加入世界贸易组织，这一里程碑式的事件，标志着中国对外开放进入新的历史阶段，也开启了中国成为"世界工厂"的高速通道。如今穿越20年的时光回首前尘，忽然莫名感动：当年作为厦大国际贸易系的学生，我们何其有幸，可以和时代同频共振！

大学之大，在于大师。厦大经济学科不遑多让，百年来一直名师辈出，这也是厦大莘莘学子为之骄傲和庆幸的一点。王亚南、郭大力等一批马克思主义经济学家从20世纪40年代就开始在厦门大学讲授经济学，使得厦大成为中国最早讲授、传播马克思主义经济学的高校之一。除此之外，还有不少外国教授、学者加持。其中特别值得一提的是外籍教授潘维廉，他出生在美国，年轻时曾加入美国空军派驻台湾，退役后从商并拿到了管理学博士学位。1988年，热爱中国文化的潘维廉辞去美国第一证券公司副总裁职务，携妻带儿来到鹭岛，在厦门大学任教；4年后，他申请永久居住资格，成为福建省第一个拿到中国"绿卡"的老外。此后，潘老师便和"老外"这一称呼说拜拜，而骄傲地以"厦门老内"自居。2001年11月，潘维廉获评"福建省荣誉公民"称号。

我读本科期间，久仰潘老师的精神为人，遗憾的是当时没有机会亲炙其教诲。谁料2002年在我初入职场之时竟有幸与潘老师"结缘"——以我就职的艾德公司名义出版的《魅力厦门》一书，作者就是潘老师。就是这本《魅力厦门》，伴随艾德公司参加全球各类鞋展，走向世界，既让更多"国际老外"了解了"厦门老内"，也让很多鞋企认识了中国厦门的艾德公司麒麟 logo（标志）。

回想本科四年里遇见的国贸系任课老师们，他们对学生信任而宽容，严格而不严苛，充分给予同学们自由成长的空间。老师们带领我们进入国际经济与贸易专业的大门，解答我们的困惑，教我们把经济理论和贸易实务有机结合，让我们培养独立思考和知行合一的能力。老师们不仅学识渊博，而且平易近人。曾记否，教授英语精读的林丽清老师，在自

ECONOMICS

我与厦大经济学科的故事

钱振金

厦门大学经济学科新百年暨经济学院成立40周年

钦楼给同学们上晚课，夜风习习，书声琅琅；教授国际贸易实务的许梅恋老师，在南强教室授业，同学们认真聆听，勤做笔记。当然，或许经院的同学们印象最深的是"四大名捕"老师。说到计量经济学，可能直到今天仍然会让一些同学心生畏惧。幸好我们有笑声爽朗、平易近人的周恒老师，上课路上，林荫道旁，"恒哥"二八大杠自行车的后座，成了不少同学温馨的回忆；还有教了我们很多师兄师姐也教了很多学弟学妹的卢荣忠老师、林添湖老师以及林荆州老师。博学群贤的那一帧帧、囊萤映雪的那一幕幕……都让我们感念于心。

当然，厦大四年的学习和生活，我最大的收获是自强不息的精神。厦大中文系教授、《厦大往事》一书的作者朱水涌曾说："如果去考察中国所有第一方阵的大学，几乎都位于政治、文化中心，至少也在省会城市，而厦门大学在海岛上，而且是一个当时根本不知名的地方。但就是这样一所大学，在每个历史时期都跟得上步伐，靠的是什么？是自强。"这种自强不息的精神不仅鼓舞了过去的我，也将进一步激励现在和未来的我。中国外贸的黄金时代其来也疾，其去也忽，外贸的巨轮已经从蓝海驶入红海。如今面对世界局势的沧海横流、新冠肺炎疫情的乱云飞渡，以及中国人口红利的消退、用工成本的上涨、各国贸易摩擦与竞争的加剧，作为一个从业20年的外贸人更懂得居安思危，以厦大的自强精神来督促自己，带领团队在复杂的局面中闯出新的道路。

就这样，在厦大求学的我们一路欢歌一路收获，终是走到了凤凰花开的路口，挥手告别。毕业照、谢师宴、千言万语化为两句简单而温暖的道别：一句感谢送给各位尊敬的师长，一声珍重道给各位亲爱的同窗。曲终人散，大家奔向各自的星辰大海。

毕业后，我来到了厦门艾德鞋业有限公司。转眼二十载，我从基层员工做到了事业部负责人。说起选择艾德的原因，又和母校精神的感召息息相关。公司的三位创始人都是厦大毕业的，他们身上流淌的也是厦门大学自强不息的血液。刚进公司时候，我就认识了现在还在一起共事的师兄师姐，工作中一直承蒙他们照顾。后又有不同年级的师弟师妹加入，大家在一家公司一晃又"同窗"了十几年，仿佛未曾离开过母校。

艾德鞋业最初走的也是传统外贸模式。中国加入世界贸易组织之后，公司紧抓时代脉搏，开启了新的局面，实现了虚拟生产和异地采购，其业务版图也随之从福建省内采购拓展到浙江温岭、瑞安，重庆，河南，江西等多个省市。近几年，艾德更是走向国际，开始在孟加拉、缅甸跨国布局。随着公司的飞速发展，更多厦大经济人也加入艾德，成为公司发展的中坚力量。在三位创始人的掌舵下，艾德公司规模不断扩大，持续蓬勃发展，即便是在1998年和2008年两次金融危机的动荡中，公司依然凭借自强不息的精神、以客为尊的艾德企业文化和出色竞争力，无畏风雨，奋勇航行，化挑战为机遇，不仅经受住了考验，而且脱颖而出，

2014年，厦门大学国际经济与贸易系在艾德公司挂牌创新教育实习基地（作者供图）

成长为中国鞋类出口企业的"南方之强"，与厦大精神交相辉映。即使到了今天，新冠肺炎疫情席卷全球、国内外经济形势不容乐观，经贸发展再次面临挑战，我仍然相信，道路是曲折的，前途是光明的，纵观历史，唯有秉持自强不息的精神，顺应历史发展规律，我们个体才能在危机中创造更大的辉煌。

近年来，为回报母校，身为厦大人的艾德公司创始人始终和学校院系保持着紧密的联系与合作。艾德公司每年应届生和实习生招聘必到厦大国贸系，从中吸收新同学，为公司注入新鲜血液。2014年，公司荣幸成为厦大国际经济与贸易系的本科创新教育实习基地，并在人才培养与发展理念、合作计划等方面承诺：不会将教育实习基地建设流于形式，必将保持校企之间的积极互动与交流，脚踏实地把实习基地建设好，让学生在艾德学好就业前的宝贵一课。事实上我们也是这么做的。公司为厦大国贸系同学量身打造了详细、多方位的实习计划，为更好地实现校

2021年4月，艾德公司一行人回经济学院参加厦门大学百年校庆活动（左三：钱振金）（作者供图）

企对接，培养创新、专业、具有实操能力的国际贸易专业人才提供了理论与实践相结合的优质平台。在此，也希望未来有更多国贸系学子们和我们一起奋斗，续写厦大精神！在母校百年华诞之际，公司亦敬献绵薄之力助力校庆晚会的盛大召开，同时我们也有幸获邀参加百年校庆盛典。

遥想当年在校时，我总憧憬着自己毕业后会成为一个真正的business man：空中飞人，红酒咖啡；嘴叼雪茄，谈笑风生。等真正离开学校，这些幻想却被繁忙的工作日渐淹没。然而，不管是在巴黎阳光奔放的铁塔下，还是在米兰喧嚣嘈杂的街道里，抑或是地中海温暖善变的季风中，总有一个声音在对我说：在美丽的鹭江之滨，有一片宁静而隽永的土地，是你心灵永远可以栖息的港湾。虽然青春渐行渐远，但每次置身校园，满眼都是当年在校时的故事。是的，我们已经离开，但我们又从未真正离开。在母校开始奔赴新百年之际，在学院成立40周年之时，再起航，我们初心未改，未来可期！

巍巍厦大，南方之强。嘉庚精神，永放其光。四年求学，致知无央。廿载契阔，每每思量。芙蓉湖畔，几度徜徉。上弦场中，有作其芒。先生之风，山高水长。同窗情谊，历久弥香。回首前尘，初心再航。幸甚至哉，大道洋洋。

遇见厦大，遇见爱

◎ 付　超

女，厦门大学经济学院原国际贸
易系国际贸易专业1998级本科
生。现为威斯康星大学麦迪逊分
校经济系讲座教授。

1998年9月，怀揣着成为一个可以周游世界的"business woman"的梦想，我开启了在厦门大学经济学院国贸系的求学之路，初到厦大便印象深刻：中西合璧的群贤楼群、雄伟壮观的建南礼堂、面朝大海的上弦场，一切都是我想象中的美的模样。

遇见恩师

1998年的国贸系就已经有了相当的国际范，系里有不少有海外经历的教师，也时常会邀请国外学者前来讲学。有几位经院老师我现在想来依然印象深刻，比如郑甘澍老师、黄维良老师、黄建忠老师、林丽清老师、林添湖老师，他们传道授业解惑，不吝于分享海外见闻，对我后来萌生海外留学的想法产生了一定影响。

郑甘澍老师曾在日本留学，风度翩翩，极具学者风范，他的一丝不苟体现在方方面面，就连穿戴也容不得马虎。郑老师不仅治学严谨，而且教学有方。很多老师在讲解最经典的西方国际贸易模型时会引经据典，但郑老师则另辟蹊径，他会引用国际上最新发生的案例来讲解模型的应用场景，这些案例至今还深深印在我的脑海里。后来，郑老师亲自指导我的毕业论文，还常邀请他指导的学生到家中进行学术讨论。他对学生的用心用情，令我难忘。

黄维良老师主讲的国贸系专业课"市场营销"，重理论更重实践。他经常布置分小组市场调研任务，我很喜欢这类实践活动，也很享受团队合作的过程。还记得实践课时，我们团队为一家厦门知名眼镜店做市场调研，如何与商家沟通，如何分析调研数据，如何解决小组意见分歧，这些都考验着当时我们这支稚嫩的学生团队，我在其中收获良多。

黄建忠老师既有学术上的成就，更有成功的业界经历，他的成就在我们学生的眼里就是一个传奇。在自身发展道路的选择上，出国之前我就从黄老师那里得到了非常重要的指导和建议。

我从小对英语便颇有兴趣，林丽清老师和林添湖老师让我对专业英语的认识更上一层楼。林丽清老师讲授英语课，她人如其名，气质清丽优雅，课程设计总是令人耳目一新；而林添湖老师是《经济资料译丛》的编委，使我有幸参与编译西方经济学相关文章，接触经济学英语原著，这为我打开了新的一扇窗。林老师常与我们分享自己的求学经历，这些鼓励让我前行的信心更加笃定。

遇见挚友

本科四年，我经历了学术上的成长，也有了人生的收获。在厦园的四年，我不断成长，学会了合作，懂得了关爱，也愈加包容，不仅遇见人生挚友，也遇见了更好的自己。

闽南的台风天对初入厦园的我来说还很陌生，大一的时候初遇台风天，学校停水停电有没有吃食，同班男同学们就冒着危险为女生们送来盒饭，当有了集体力量的温暖，人好像也有了强大的力量去面对困难。大学的时候我还参加了学校的辩论队，大家经常聚在一起，一边吃饭一边讨论，在玩中学也在学中玩，有时甚至会为准备下一场辩论通宵达旦，这些朋友我们至今还维持着良好关系。

虽然离开母校已有20个春秋，但每每想起熙熙攘攘的厦大一条街，回味无穷的川菜水煮鱼，三家村热闹的水果小店和卤豆腐，热烈火红的凤凰花，水波荡漾的芙蓉湖，还有石井宿舍坡下的那棵大榕树，我都非常想念。

遇见世界

当时整个学院的学习氛围都很浓厚，这种充满干劲的、追求美好未来的氛围影响了我。正是在这样互相鼓励的氛围下，我在学习上比以往更加努力。

记得备战出国考试的时候，我和室友合租了一套两室一厅的小房子，那段时间，我们一个屋子放着雅思听力音频，一个屋子贴满了GRE词汇小纸条，两个人一起努力，后来也都取得了不错的成绩。2003年以后我便只身前往国外，身材娇小的我拉着两个大箱子漂洋过海。现在回想起来，我都佩服自己当初的坚定和勇气。

后来，我经历了从学生到老师的角色转变，我现在的很多治学方法和教学理念都离不开经院文化对我的影响。本科阶段，学院就很注重师生之间的"interaction"，所以每当我遇到学术瓶颈期的时候便会与老师沟通探讨。这种在与老师的沟通中修正思维方式、寻找兴趣点和突破点的习惯，也帮助我在博士期间找到了愿以此为志业的研究领域，我从梦想着成为一名"business woman"转变为想做一名科研人员。

这些年在国外，我一直关注着母院的发展。经济学院不仅培养了一大批高质量的毕业生，还吸纳了不少有海外留学经历的学者，为经济学科注入了新鲜的血液，使母院始终走在学术最前沿。毕业以后，我也曾参加过母院主办的大型学术会议，母院在学术国际化方面已经发展得越来越好。在这样一个开放的时代，机会与竞争并存，年轻的厦大经济学子们拥有无限的可能。《论语》里有一句话叫做"四海之内皆兄弟"，希望经院的学子们能以开放的心态融入世界，在为人处事上，坚持"Be nice, be considerate"。

恰逢经院成立40周年，在这里祝愿母院生日快乐，传承经典，突破创新，越来越好！

五四之际追忆厦大
求学往事

◎ 何冬妮

女，厦门大学经济学院经济学系
经济学专业 1999 级本科生。现
任广州粤港澳大湾区研究院学术
副院长、研究员。

1999年，我考入厦门大学经济学院，并进入经济学系首届国家经济学基地班学习。国家经济学基地班全称为"国家经济学基础人才培养基地"，全国共有13所高校获批设立，自1999年，也就是我考入经院那一年开始招生，目的在于培养一批经济学基础理论人才。当时黄鸿德老师是经济学院党总支副书记，是经济学系国家经济学基地的建设者和推动者。作为首届经济学基地班的学生，我们班同学毕业后多在政府部门、商界、学界任职，取得不菲成就的不在少数。我由基地班保送至南开大学攻读政治经济学硕士研究生，方向是比较经济体制，硕士毕业后的16年时光里，在我国改革智库——中国（海南）改革发展研究院从事科研、国际合作交流、教育培训等工作，其间又获得工商管理硕士学位、管理科学与工程博士学位。想来这可能是黄鸿德老师向我约稿的缘故，这既是对我在经济研究道路上勤勤恳恳、初心不改的肯定，更是对我未来继续坚持的鼓励。

今日提笔恰逢五四青年节，在此追忆当年求学往事，与年轻的学弟学妹们分享共勉。

少年当立高志，读书需用"笨功"

志存高远、脚踏实地，是厦大经济学系的优良传统，也是我在经济学基地班学习训练得到的最深刻的体会。

我考入厦大经济学院经济系的1999年，适逢世纪之交，一个新的时代正在开启。那一年，以美国为首的北约用导弹轰炸我国驻南斯拉夫大使馆，引发国内学生以及各个爱国群体的游行抗议。那一年，澳门回归，祖国统一和领土完整的大业又往前推进了一大步。那一年，未满18岁的我站在经济学院王亚南先生的雕塑前，听辅导员讲述先生的生平往事。当年的我虽然并不能完全体会先生"应站在中国人立场上来研究经济学"和"培养中国自己的经世济邦之才"的家国情怀，却记住了先生"少年壮志，卧室锯床苦学，海上自缚以读"的故事。先生是厦大经济学系的精神图腾，他虽早已驾鹤西去，但留下的思想和方法论厚植于厦大经济学人的精神家园，引领着一代又一代厦大经济学子进入经济学殿堂，上下求索、孜孜不倦。

如今，我们身处百年未有之大变局，面对极为复杂多变的外部环境和世纪疫情的重大挑战，"为中华之崛起而读书"并未过时，仍是对新一代青年振聋发聩的呼喊。为什么要学经济学？经济学是研究资源优化配置的学问。"经济基础决定上层建筑，上层建筑反作用于经济基础"。没有经济发展，民生改善、社会和谐、文化繁荣、政治安定就会缺乏基础；没有经济发展，国家就很难在国际社会争取到更多的话语权和影响力。弱国无外交。我们这代人享受到了改革开放的果实，许多人的小日子过得都不错，经济社会的发展也需要大家在各自岗位上作贡献。然而，少年当志存高远，经世济邦是厦大经济学人的理想和志气。这是我到厦大的第一堂课，是王亚南先生给"上"的。

"读书要用'笨功'。"这句话是当年我们给教授"中国经济史和经济思想史"课程的刘经华老师说的。刘老师当年给我们上大课，总是座无虚席。虽然授课的具体内容我已记不太清，但每次听他引经据典娓娓道来，都让我对经济学更多了一分兴趣和喜爱。记得刘老师曾说："你们都是天之骄子，但读书要用'笨功'，尤其在打基础的时候，不仅要扎扎实实读经济学的经典和名著，而且要跨学科跨领域地读书。""要看到自己的'笨'处，别不懂装懂。"这些年，每每在研究上遇到困惑或思考阻滞时，我就会想起刘老师说的"笨功"。名校毕业生往往容易自带包袱，不怕苦，就怕别人觉得自己笨，这就容易在自以为是的路上越走越远。这些年的科研工作更是让我感到，要找到真问题和破解问题的方法，首先得不怕"笨"。我理解这是读书需用"笨功"的要义所在。在基地班学习，几乎每一位老师都给我们开出了厚厚的书单，包括政治经济学、西方经济学、发展经济学、经济史、财政学、统计学、经济法、政治学、管理学等专业和领域诸多名著典籍。大学四年，我们不仅学经典，而且读了许多当代经济学家的书，如杜润生、孙冶方、吴敬琏、于光远、厉以宁、温铁军、韦森、钱颖一、张维迎……我的同学中，有许多读书用"笨功"的例子。一位与我要好的女同学不仅读完《资本论》三卷原著，还读了斯蒂格利茨、哈耶克、阿马蒂亚·森的一系列著作。毕业时她送了我一本哈耶克的《致命的自负》和厚厚一摞读书笔记，我至今仍保留着，以此勉励自己。

坚持科学精神和问题导向，从实践中来到实践中去

坚持科学精神、培养问题导向意识、重视社会实践是经济学基地班的突出特色。这给我们打上了经济学研究科学方法论的深刻印记。

当年基地班学生有两个重要的实践平台：一个是以学生为主编辑的《学经济》杂志，另一个是以地方经济调查为重点的暑期社会实践。当时这两项工作都由黄鸿德老师直接指导。黄老师常常鼓励我们，要多思考多练笔，多到现实中去研究去验证自己的判断和观点。他总说，基地班就是要培养面向未来的经济学家，老师们的重要任务是引导基地班的学生自主思考研究问题、自主编辑学术刊物、自主开展经济社会调查。

我是《学经济》的投稿积极分子，投过文章有：《中国加入 WTO 后产业安全问题探讨》《对熊彼特创新理论与中国企业家精神的思考》等。当年中国加入 WTO，有不少人将这看作是"狼来了"。记得当时，我们1999级基地班班主任刘连支老师，以及庄宗明教授、许经勇教授、林季红教授等，都旗帜鲜明地反对用民粹主义阻挡中国融入经济全球化浪潮。"入世"就意味着民族产业必然会受到冲击吗？总体看是会提升还是削弱

何冬妮在《学经济》刊发的文章（作者供图）

产业竞争力？这些问题激发了我的研究兴趣。在《学经济》上成功发表文章又进一步激发了我对问题的探索，很快我开始向校外的学术期刊投稿，并陆续发表了《小企业资金周转与现代物流管理——对马克思"资本循环理论"的思考》等文章。

除了写文章，暑期社会实践也是我最喜欢的学术训练项目。大二暑假，我和经济学系另一名学生会干部一起带领一支10多人组成的大学生社会实践队赴仙游考察，形成《体味仙游》的考察报告集，提出促进仙游一、二、三产业融合发展等观点和建议，还因此获得了"厦门大学优秀社会实践者"的荣誉称号。

让人颇感欣慰的是，20多年过去了，《学经济》刊物仍在办，而且越办越好，不久前还设立了微信公众号"经经有道"，推文的累计阅读人次已近20万。暑期社会实践也在继续，寻找真实的问题、"从实践中来、到实践中去"成了厦大经济学人共同的"肌肉记忆"。

开学术自由之风，追求真理永不止步，传承与创新永无止境

追求真理永不止步，是经济学系和基地班的价值传承。王亚南先生当年任厦门大学校长时，面对国民党文化专制主义，仍坚持倡导学术研究自由，"从反对者获取自由，予反对者以自由"是他的名言，也是经济学系的文化传承。"我们提倡百家争鸣，是为了发现真理"，而"真理决不是任何一个全智全能的伟大人物一次可以发现无遗的"，要"经过实践、认识、再实践、再认识的循环往复，才能不断地开辟真理的前进道路"。正是在这样开放包容、接纳质疑、鼓励创新的氛围下，经济学系各种研究小组、讨论班、研习社才得以蓬勃发展。基于"追求真理、永不止步"的价值传承，经济学基地班在学术自由的风气下，培养了一批批直面问

题的经济学人。虽然今日中国经济学界仍有许多关于经济发展模式、经济体制、改革开放政策、政府与市场关系的争论，但有争论就是好事，因为"真理总是越辩越明"。

在追求真理的道路上，厦大经济学科的建设从未止步，一直在向前创新发展。在我们毕业离校后的20年里，厦大经济学科先后建起王亚南经济研究院（WISE）和邹至庄经济研究院，对推动"中国立场、国际视野"的经济学科建设及经济学人才培养发挥了重要作用。WISE 在本科就设置经济学国际化试验班，着力打造具有国际影响力的现代经济学和现代统计学等学科领域研究和人才培养基地。2005年 WISE 成立时，我已毕业离校两年，正在南开大学攻读经济学硕士学位，听闻此讯特别高兴，虽身不能至，但心向往之。2017年，我在中国（海南）改革发展研究院收到经济学院邮寄来的院刊，看到邹至庄经济研究中心于2016年年底成立的消息，感到厦门大学经济学科建设与人才培养的与时俱进。该中心致力于在新的历史条件下用国际语言讲中国故事，这对我当时在改革智库做国际交流合作工作也有重要的启示。

追忆往昔，考入厦大是我人生的重要起点，"自强不息、止于至善"的精神是母校给予我最宝贵的礼物。在经济学基地班接受的经济学基础理论学习和社会实践训练，为我后来走学术科研道路奠定了坚实基础，坚持科学精神、坚持追求真理的价值传承使我终身受益，在此过程中结下的深厚师生情谊和同学情谊已成为我前行路上的有力支撑。

展望未来，虽道阻且长，但一代人有一代人的使命，追求真理永不止步，传承与创新也永无止境，衷心祝愿，也期待着母校母院和经济学基地班在新时代培养出更多志存高远、脚踏实地的经世济邦之才！

大海出明珠
建南育英才

祝贺厦门大学经济学科迈向新百年
暨厦门大学经济学院成立40周年

◎ 樊丽明等

山东大学财政学团队

大学之道，在明明德，在亲民，在止于至善。一所一流大学，一定是优秀人才求知成长的理想乐园；一个一流学科，一定是学界同仁心向往之的神圣殿堂。止于至善的厦大就是这样的一流大学，嘉惠学林的厦大经济学科就是这样的一流学科。值此厦大经济学科迈向新百年暨经济学院四秩芳华盛典之际，山东大学财政学团队谨致以崇高敬意和美好祝福！

一、历史与渊源

1984年初，山东大学计划创办财政学专业，遂派李齐云和贾象珊两位老师南赴厦门大学考察学习，为制订财政学专业的培养方案和教学计划做准备。著名经济学家、财政学家和教育家邓子基先生向他们详细介绍和传授了财政学的办学经验和体会，商讨教学计划和课程设置方案，对山东大学财政学专业的创建给予了热情鼓舞、精心指导和巨大支持。此后，山东大学财政学团队与邓先生以及厦门大学经济学院建立起了密切的学术联系。1998—2001年，郭琳师从邓子基教授攻读博士学位，以《中国地方政府债务风险问题探索》为题完成学位论文；1999—2002年，李一花师从邓子基教授攻读博士学位，以《中国地方政府投资研究》为题完成学位论文；2000—2001年，李齐云师从邓子基教授攻读博士学位，以《分级财政体制研究》为题完成学位论文；2000—2003年，樊丽明师从邓子基教授从事博士后研究，以《中国公共品市场与自愿供给分析》为题完成出站报告，在此期间她获得国家自然科学基金项目"中国地方政府债务管理研究"（70173009）立项，研究成果获2007年山东省高等学校优秀科研成果一等奖；2002—2005年，黄春蕾师从邓子基教授攻读博士学位，以《我国地方政府债务管理：权责划分、管理动力与管理方法》为题完成学位论文；2007—2009年，李华师从张馨教授从事博士后研究，以《区域间税收转移与税收协调研究》为题完成出站报告。他们在获得博士学位或博士后出站后，在各自工作岗位上培养后学，源源不断地为财政学专业建设输送人才。

二、传承与发扬

根本固者华实茂，源流深者光澜章。在厦门大学经济学科诸位先生的关心提携下，在山东大学财政学学科带头人樊丽明教授的引领下，经过财政学系师生的共同努力，山东大学财政学专业迅速成长，呈现出昂扬向上、蓬勃发展之势：1985年设立财政学系；1986年设立本科专业并面向全国招生；1993年招收财政学硕士研究生，2003年设财政学博士点，成为当时我国10家财政学博士学位授予单位之一；2006年创建山东省公共经济与公共政策研究基地；2008年成为山东省品牌专业；2010年成为国家特色专业；2011年招收税务方向专业硕士；2017年应用经济学学科在全国第四轮学科评估中列A－；2018年成为教育部财政教指委主任委员和秘书长单位，主办《公共财政研究》期刊；2019年列为国家级一流本科建设点；2020年与山东省人大常委会共建山东大学人大预算监督研究中心；2021年发起并创建"中国国家预算治理研究联盟"。

目前，山东大学财政学系设有公共经济与公共政策研究、税收理论与政策研究、地方财政研究、中国财政史学研究和财政金融调控等研究方向，是中国财政学会、中国税务学会、中国国际税收研究会、中国财政史专业委员会、全国高校财政学教学研究会等国家级学会的理事单位，在公共品供给理论与实践、财政体制与地方财政、税收理论和政策、财政史学、人大预算监督等方面形成了长期稳定的研究方向和研究特色。学术团队主持承担了国家社会科学重大重点基金项目6项，国家社会科学基金、国家自然科学基金、教育部社会科学基金、国家软科学基金等国家级课题20余项。在《经济研究》《管理世界》等顶级刊物上公开发表高水平论文20余篇。2019年至今每年出版一本《中国政府预算改革发展年度报告》。在教育教学方面，由樊丽明、李齐云、陈东教授主编，经济科学出版社出版的《政府经济学》成为普通高等教育精品教材；李齐云教授主持的"政府经济学"被评为国家精品课程；以樊丽明教授为首席专家主持编写新时代马克思主义理论研究和建设工程教育部重点教材——《公共财政概论》，得到学界普遍好评。

三、感念与体会

回顾过往，我们深知，山东大学财政学科所取得的成绩得益于厦门大学经济学科给予的鼎力支持，山东大学财政学团队从厦门大学经济学和财政学人那里汲取了丰富的营养。在谈及对厦门大学经济学科的感受时，大家都深有感触，认为集中体现为三个鲜明特点和突出优势。

一是十分重视基础理论研究。以邓老为学术带头人，张馨、邓力平、杨斌老师等为骨干的厦大财政学团队，一直非常重视基础理论研究，无论是国家分配论，还是公共财政论，厦大都是研究重镇乃至理论发源地，加之对中国财政思想发展脉络多次全面系统的梳理分析，都在中国财政学说史上留下浓墨重彩的一笔。厦大财政学团队还非常重视专业教材建设，从改革开放之初邓老亲自挂帅编撰《财政与信贷》《社会主义财政学》，影响了一代经济学子，到后来多位老师主编的财政学、税收学教材，在学界都产生了重要影响。

二是根植中国大地做好学问。厦大财政学团队一直坚持以马克思主义为指导，立足中国国情，面向改革开放现实，解放思想，研究重大财政问题，涵盖中国财政性质、模式，以及国有资产管理、税收、国债、国际财政等，成果丰硕，并且建言献策，贡献良多，为全国经济学人树立了良好榜样。

三是教书育人，爱生如子。邓老和师母就是爱生典范。他们心怀大爱，视学生为亲人，不仅关心学习研究，而且嘘寒问暖，令人感动不已，让学生终生受益。其他老师也都是学术上坦诚相见，相互切磋，工作上相互关心，相互支持，给人以向上的力量和同道的温暖。

四、未来与期许

服务国家经济和社会发展，需要财政学人不断在实践和理论上进行探索。在这一过程中，要按照立足中国、借鉴国外，挖掘历史、把握当代，关怀人类、面向未来的思路，不断创新财政学的学术命题、学术思想、学术观点、学术标准和学术话语，建立中国自主的财政学知识体系。在这样一个具有特殊历史意义和时代意义的时刻，山东大学财政学团队将进一步密切与厦门大学经济学科的沟通与交流，进一步强化历史积淀形成的学术联系，加强合作，携手并进，共同为我国经济学科、为财政学专业发展贡献力量！

最后，再次感怀以邓子基先生为代表的厦大经济学人对山东大学财政学团队的培养和帮助！再次致敬厦大经济学科百年辉煌，经济学院四秩芳华！衷心祝愿厦大经济学科、经济学院赓续奋进谱新篇，继往开来续华章！

附：部分学者心语

樊丽明

女，2000年进入厦门大学经济学院应用经济学博士后流动站。现任教育部新文科建设工作组组长，教育部财政学教学指导委员会主任委员，曾任山东大学校长、上海财经大学校长。

我2000年秋进入厦大应用经济学博士后流动站，师从邓子基先生进行研究，2003年春出站。厦大于我，是母校，是得到学术滋养的地方，是心怀感恩并经常回忆的地方。从邓老指导的博士后研究中，从多年与厦大经院老师们的交流中，我心目中的厦大财政学科颇具优势与特色，也对我产生了深刻影响。在厦大期间，我受老师们的影响，选择了具有现实性和挑战性的题目做博士后研究，完成了《中国公共品市场与自愿供给分析》的出站报告，各位老师给予了充分肯定。该报告后来由上海人民出版社出版，获得教育部哲学社会科学优秀成果二等奖。

李齐云

男，厦门大学经济学院原财政金融系2000级博士研究生。现为山东大学经济学院教授，曾任山东大学经济学院财政学系主任。

自孩童时期，我就心仪厦门这座美丽的城市。20世纪70年代末大学期间，在读过厦门大学众多经济学名家的论著之后，我更是对厦门大学这座崇高的学术殿堂崇拜不已，心向往之。

2000年初春，我在高校从教近20年之后，终获机会再赴厦大学习和攻读博士学位，师从邓子基教授，有幸成为"邓门"弟子，欣喜心情难以言表。在此期间我经常向邓老请教，得到他的谆谆教诲。博士论文写作过程中每当遇到困难时，我总能得到邓老的热情鼓励和精心指导。当博士论文付梓之前，邓老又仔细审阅了全部书稿，提出了很好的修改建议，并欣然应允为该书作序，这使我倍感温暖和鼓舞，心里充盈着难以表达的感激之情。可以说，我的博士论文和专著中倾注了邓老的心血和关爱，他那严肃认真、一丝不苟的学风，为人师表、奖掖后学的师风，开拓进取、不懈探求的精神，使我终生难忘。

郭 琳

女，厦门大学经济学院原财政金融系1998级博士研究生。现为中国政法大学商学院教授。

厦门大学是财政学科学研究的沃土，有邓子基教授、张馨教授、杨斌教授、邓力平教授等一批财政科学大家，他们在中西方财政税收科学研究领域精耕细作和开疆拓土，研究成果一直处于我国财政理论研究和财政制度改革的前沿。我有幸在恩师邓子基教授的指导下攻读博士学位并顺利毕业，目前已然过去二十多年了。现在想来，在厦大经济学院财政系求学期间，我不仅学习到了最前沿的财政学科知识，而且亲身感受到了大师们的学术人格魅力，还认识到对待学问要有平常心，要坚持，也要包容，更要发展。

李一花

女，厦门大学经济学院原财政金融系1999级博士研究生。现为山东大学经济学院教授。

回首在厦门大学经济学院的求学时光，师长的教诲犹在耳畔，同学之情仍在心底。作为全国财政学重镇，厦大浓厚的学术氛围和学术资源让我大开眼界。难忘厦大美丽的校园，无数次漫步在芙蓉湖畔，仰望嘉庚楼群；雄伟的建南大礼堂与浪漫的上弦场交相辉映；人气满满的厦大一条街，仿佛永远是记忆中的模样。作为厦大经院的毕业生，厦大经院是我永远的精神家园。

李 华

女，2007年进入厦门大学经济学院应用经济学博士后流动站。现为山东大学经济学院教授。

厦门大学经济学院是我心之所向的地方。众所周知，厦门大学是一所学科门类齐全、师资力量雄厚、在国内外有广泛影响的综合性大学，不少学子慕名而来。这里的一切都给我留下了美好而深刻的印象：有经济学院勤奋务实、积极向上的学术团队，他们孜孜以求、拼搏进取的精神极具感染力；有富有价值的研究资源，为我们的学习提供了优良的平台。我的导师张馨教授更是拥有深厚的学术功底和认真的学术作风，引领着我的学习和研究方向。张老师平易近人、朴实无华的作风是我终生学习的榜样。

黄春蕾

女，厦门大学经济学院财政系2002级博士研究生。现为山东大学哲学与社会发展学院教授。

回想起来，我重要的学术发展阶段，是三年的厦大生活为我的学术之路播下了一粒希望的种子。最难忘的是当年聆听邓老亲自传授"国家分配论"思想，我努力领会着它的源流和内核，并将其与时代发展紧密联系。可以说，邓老是我学术道路上的引路人。他那时虽已耄耋之年，仍紧跟国家发展需要，追踪学术前沿，与时俱进。生活上，邓老和师母给予了我无微不至的关怀，让我在异乡也倍感家的温暖。感恩厦大经济学院给我的成长提供了淳厚、开放和多元的人文环境，衷心祝福厦大经济学科英才辈出、辉煌永铸！

又是一年凤凰花开

◎ 郭春松

男，研究员，厦门大学经济学院
金融系 2003 级博士研究生。现
任中国进出口银行福建省分行党
委委员、副行长。

自2006年从厦门大学经济学院金融学专业博士毕业，不知不觉已过了16个春秋。时光荏苒，岁月如梭，求学期间的往事仍历历在目，有收获的喜悦、付出的艰辛、迷惑的彷徨……过往岁月数度入梦，仿佛就在昨天，就在眼前。

一、火红的凤凰花

人生最大的快乐莫过于能在大学读书，更快乐的是能在全国最美的大学读书，更更快乐的是能在蜚声在外、遐迩闻名的厦门大学经济学院读书。

2003年9月初，天气晴朗，微风拂面，我怀揣博士研究生入学通知书，在太太李艳的陪同下，兴奋地从福州来到厦门。一进厦门大学南校门，迎接我的是一棵棵精神抖擞的凤凰树和火红热烈的凤凰花，就像一个个知识渊博的智者热情地迎接远道而来的莘莘学子。传说厦门大学的博士和硕士生的致谢，十个有九个描写了凤凰花，因为凤凰花每年的6月和9月各开一次花，一次辞旧，一次迎新，给一批批新生和毕业生留下了许多美好回忆。抬眼远眺，整个校园绿树成荫，美得让人窒息，中间有一个美丽的芙蓉湖，环湖教室和宿舍"飞檐翘脊"，屋顶覆以红瓦，完美地将典型的闽南古民居和西式白墙石柱两种风格融为一体，形成了厦门大学独特的嘉庚建筑风格。

我们很快找到了期盼已久的经济学院，学院门口矗立着新中国厦门大学第一任校长王亚南先生的半身铜像，亚南先生是《资本论》的翻译者和中国经济史学的开拓者，是我国著名的经济学家和教育家，也是厦门大学经济学院的奠基人和领路人。行过注目礼，我暗下决心，一定不辜负老校长遗志，努力学习研究中国经济金融问题，为中华民族崛起贡献自己的绵薄力量。办完入学手续，戴上校徽，我便成为一名令人羡慕的厦门大学学生了。

此时已近晌午，我背着书包，拎着行李，太太帮忙提着洗漱用品，我们一起走过阳光斑驳的林荫小道，穿过波光粼粼的芙蓉湖，爬上一小段迷人的陡坡，便到了硕博研究生凌云宿舍区。我想，学校把研究生宿舍取名"凌云"，大概是希望研究生努力学习，日后能成为国家栋梁之才吧。金融系的男博士生都住在凌云，我们同级的住在一层（同级女博士生住在芙蓉三）。还记得我的宿舍在凌云二310，很宽敞，房间里摆放了两张高低床，每间住两名博士生。我的舍友是周晓宇博士，因他家在厦门，很少来住，所以我很幸运能独享一室。宿舍每一层都有一个淋浴房，当时没有安装热水器，大家都洗冷水澡。到了冬天，洗澡的同学有的乱吼乱叫，有的怪声唱歌，有的发出瑟瑟发抖音，真是一个考验体能的好场景。

博一住宿舍的同学最多，记得当时比较常住的同学有蔡庆丰、陈文奇、黄晓东、唐革榕、罗杰、吴海兵、牟敦国等。没课的时候，大家喜欢搬一张凳子坐在过道上，晒着初秋温暖的阳光，天南地北地神侃，或聊国际大事，或聊专业热点，或聊风土人情，或聊未来去向，唾沫横飞，热闹非凡！本来以为要在这住到毕业，没想到，学校对博士生太好了，很快凌云六和丰庭就都建好了，供男女博士生住，且每人都是单间，还有独立卫生间和阳台，可以洗热水澡。我想，这应该是当时国内博士生居住条件最好的了吧。博二的时候，我搬到凌云六312，这里地势更高，坐在阳台上，沏一壶香茗，边看书，边思索，边鸟瞰美丽的厦门大学，真是心旷神怡。

二、难忘的身影

经济学院的教授个个知识渊博，才高八斗。且不说财政学泰斗邓子

2006年6月，在厦门大学经济学院会议室，郭春松与张亦春教授、白钦先教授、吕江林教授等答辩委员会专家及参与答辩的博士合影留念（作者供图）

基教授、金融学泰斗张亦春教授、统计学泰斗黄良文教授，先看看金融系的教授们，他们的学术地位和科研能力都名声远扬。如金融监管专家江曙霞教授、保险学专家林宝清教授、国际金融专家朱孟楠教授、金融工程专家郑振龙教授、资产定价专家陈国进教授，等等。

下面分享一些片段，重温那些令人难忘的身影和激情燃烧的岁月。

（一）老骥伏枥

刚上博一的时候，我经常去经济学院找老师请教问题。有一天上午，我看到经院一楼的会议室外面站着很多人，手里拿着笔记本，很专注地在听着什么。我很好奇，就走过去问同学，原来是年过八旬的邓子基教授在给学生上课，我心里立刻升起满满的敬意。还有一次，我和同学一起到邓老家请教问题，虽然我们不是他带的博士研究生，但邓老仍然很热情地接待我们，给我们让座、倒水，为我们解答关切的问题。他旁征博引、循循善诱的大家风范，我至今仍难以忘怀。邓老从教几十年，是中国财政学的奠基人和开拓者，是中国财政主流学派"国家分配论"的主要代表人物。他桃李满天下，培养了107名博士生，以及数不清的硕士生、本科生，有数十名学生甚至走上省部级及以上领导岗位。本该好好安度晚年的邓老，却直到去世前还坚持招收研究生，坚持给学生上课。2020年12月，带着对学术、对学生、对生活无限热爱，邓老与世长辞，享年98岁。如今邓老虽然离开了我们，但他的精神永远留在了经济学院，留在了每一位从经济学院毕业的学生心中。

（二）上衣口袋的小纸条

博士论文题目的确定以及开题前的准备，除了导师对我的精心指导，张亦春教授也为我提供了不可或缺的帮助和启发。我上学的时候，张老师已经70多岁，但他精力充沛，思维敏捷，仍坚持给博士研究生上课，还不辞辛劳地参加校内外各种学术活动。看着他天天忙碌的身影，我暗自想，比他年轻40岁的自己真是自愧不如。博士论文开题前，我惴惴不安地到张老师家请教，张老师给了我很多指导和建设性意见，要离开前，他叫我自己写几点不足和未来努力方向，供他明天开题答辩时提问用。我明白，他是担心以他的学术造诣，明天开题答辩会把我难倒、问尴尬，影响我后续的研究热情。转瞬间就到了紧张的开题答辩时刻，在几位教授点评提问后，张老师尖锐地指出我多条研究不足，甚至是错误的研究方向，我脑袋"轰"的一声：这些都不是我昨天准备的问题呀！随即便硬着头皮开始了"狡辩式"地回答。在与张老师进行多轮提问和答辩后，我被尴尬地逼到"悬崖"边缘！在等待下一位教授提问时，我看到张老师不经意间摸了一下上衣口袋，拿出一张纸条看了一下，像是想起什么，随即向我投来抱歉的一笑。这件事过去快20年了，我虽然和张老师一直保持密切联系，但始终没有问他，答辩那天他是忘记了，还是故意给我一个考验？

（三）为什么女博士不受用人单位欢迎？

江曙霞教授是国内最早研究金融监管制度的专家，这与她严谨干练的气质非常符合。她给我们博士生上课时，已经任厦门市副市长，百忙中仍抽空给我们上课。上第一堂课时，她用诙谐生动的语言为我们用经济学原理分析了"为什么女博士不受用人单位欢迎？"这个命题，引得大家哄堂大笑。我想，这大概是她以女性独特的观察视角得出的结论吧。她建议女生硕士毕业就出来工作，如果要读博士，最好留在研究机构；如果想去业界，最好在攻读博士学位期间结婚生子。我观察了一下，这条建议在厦门大学流传甚广，不少博士生积极实践，学习生产两不误，留下许多佳话。

（四）白城夜谈

作为著名的国际金融专家、国务院学科评议组成员，朱孟楠教授为人谦和，没有一点架子，不论谁与他讨论学术问题，他都像朋友一样随和可亲，恬淡自然的气质让人如沐春风。朱老师是我的博士研究生导师，入学时他就根据我的工作和教育背景，为我量身定制未来三年的学习和研究计划。正是朱老师的精心设计，让我在校期间就取得了较为丰硕的研究成果，还被评为厦门大学第二届"凌云学术之星"。据说直到现在，我仍然是经济学院唯一评上"学术之星"的学生，思及此我心里更加感恩朱老师的精心培养。攻读博士学位期间，我时常向朱老师请教问题。记得2005年10月初的一个晚上，我在朱老师的办公室请教博士论文写作的一些问题，我们就论文的创新点以及如何开展研究进行了深入的讨论，一直谈到深夜。我们都住在校内，朱老师家在白城，我的宿舍在凌云，距离不到一公里，怀揣着一颗求知的心，我提出送朱老师回去，以便在路上可以再请教一些问题。当走到老师家楼下时，我们的讨论正处于激烈和胶着的状态，老师没有回家休息的意思，我们一直站在那里讨论，毫无倦意，直到天空微微泛白，一看时间已经凌晨5点多。正是因为那天晚上的讨论，我的博士论文加入了博弈模型，有了新的创新点，很快便顺利完成。在盲审和答辩过程中，我的博士论文得到校内外专家的一致好评。同时，博弈模型这部分研究成果还顺利地在权威期刊《金融研究》上发表。

三、开放的学术殿堂

厦门大学经济学院的学术氛围开放、包容、严谨，如深邃的宇宙，如宽广的大海。不同文化、不同语言、不同国家的各类专家在这里展示他们的智慧结晶，百花齐放、百家争鸣，使这个学术殿堂越发生机勃勃、光彩夺目。

（一）学术讲座

读博一的一个傍晚，我正在散步，突然看到几个同学急匆匆往教室赶，我问他们这么急去干什么，他们边走边回答说去"赛米拉"。看着他们渐渐远去的身影，我有点懵，"赛米拉"？什么是"赛米拉"？后来了解才知道，"赛米拉"就是英文 seminar 的谐音，它是郑振龙教授等老师率先引入的西方国家大学的教学讨论模式，即有研究成果的同学召开成果宣讲研讨会，接受老师和同学们的提问，并讨论进一步深入研究的方案。有一次，我把准备参加厦门大学"挑战杯"比赛的一篇研究成果拿来做 seminar，研讨会上同学们对我设计的商业银行压力测试模型提了很多不同建议，对结论也进行质疑。我非常不服，和同学们争得面红耳赤，后来朱孟楠教授出来打圆场，让我回去后再认真梳理一下同学们提的意见。冷静后，我认真回想了同学们的建议，感觉大部分不无道理，于是进行了大幅度的修改。随后在厦门大学"挑战杯"比赛的答辩现场，我赢得了与会专家的一致肯定，获得了文科类唯一的一等奖荣誉。后来我参加了多场导师组织的 seminar，也参加了很多场其他导师组织的 seminar，这种相互参加不同导师组织的 seminar，像赶集一样，又新鲜，又热闹，又活泼，可以和不同研究领域的同学交流研究经验，借鉴研究方法，碰撞思维火花，对我研究能力的提升起了很大的作用。

（二）中国金融学年会

2003年12月，第一届中国金融学年会在海上花园——鼓浪屿召开，来自国内外9个国家和地区50多所一流高校的170多名专家学者参加盛会。本次年会由厦门大学经济学院主办，郑振龙教授担任年会主席，足见厦门大学金融学专业的学术地位。会前，秘书处向全球征集年会论文，当时，我正在朱孟楠教授指导下写一篇关于汇率超调的研究文章，朱老师鼓励我去投稿。我怀着试试看的心态，居然很幸运地入选了，可是却高兴不起来。当时我刚入学没多久，没有多少历练，我当时想，我这小博士生的文章参加这么高级别的会议，在这么多的金融大咖面前献丑，一不小心就会下不了台。朱老师了解我的顾虑后，一方面给我解压，一方面指导我继续对论文进行修改完善。会议那天，我故作镇静，假装认真地听专家演讲，轮到我宣读论文时，我发现我拿鼠标的手不停颤抖。这时，坐在我旁边的一位专家侧过身来小声说："不要紧张，我看过你写的论文，写得挺好的。"后来才知道，他就是我论文的点评专家。就是这句话，给了我极大的鼓励，舒缓了我紧张的情绪。接下来我很顺利地宣读完论文，并与会议代表进行了深入的探讨，赢得了与会专家的好评。

（三）名家荟萃

在厦门大学读书是一种享受，电视上、报纸上、杂志上出现的各种名人名家，时不时会在校园的某个演讲台上出现。每个学院每周都有名家论坛，只要有兴趣，有很多选择，几乎天天都可以听，当然，我最关注的是经济金融专家。

记得读博一的时候，金融学泰斗、著名经济金融学家、原陕西财经学院副院长江其务教授来厦门大学给我们金融学博士生开讲座。当时江教授已70多岁高龄，在克立楼一讲就是一个星期，他深入浅出、精辟地分析了中国金融业发展的逻辑以及未来发展的方向，给大家带来许多新的观点和思路。可惜，江其务教授这次离开厦门大学后，不久便因病与世长辞。他的离去是中国金融学术界的重大损失，我深感沉痛惋惜。

2006年4月初，厦门大学举办85周年校庆，多个领域的名家来厦大演讲，最让我难忘的是获得诺贝尔经济学奖的"欧元之父"罗伯特·蒙代尔教授。记得那天，厦门大学张灯结彩，到处春意盎然。蒙代尔教授如约来到建南大礼堂，金融系的全体师生都来了，大家都想目睹诺贝尔经济学奖得主的尊容。那天建南大礼堂座无虚席，过道上也站满了人，迟到的我们只能站在礼堂门口张望。因为离得太远，看不清教授的容貌，陈文奇博士建议我们上2楼看看，于是，我和他悄悄地上了2楼近距离观看。因为太兴奋了，蒙代尔教授讲些什么，我好像一句也没有听进去，只是一直在想，"三元悖论"是罗伯特·蒙代尔教授最早提出来的，还是保罗·克鲁格曼教授最先提出来的？

博士三年，我听过张亦春教授、江曙霞教授、邱崇明教授、林宝清教授、郑振龙教授、陈国进教授、魏巍贤教授、郑鸣教授、朱孟楠教授、刘德煌副教授等十几位老师的课程，还参加了中国人民银行吴晓灵副行长、西南财经大学曾康霖教授、中央财经大学王广谦教授、辽宁大学白钦先教授等20多位校内外专家的讲座。在这里，我再次向那些记得或者暂时想不起名字的专家致敬，正是他们无私的奉献，才使一代又一代的厦大学子吸收足够的养分，成长为国家的栋梁之才。

四、快乐的业余时光

厦门大学依山傍海，风光旖旎，处处是风景。校外有一望无际的大

2006年6月，厦门大学芙蓉湖畔，郭春松与朱孟楠教授及同门师兄弟姐妹合影，2006届硕博毕业生合影留念（作者供图）

海、柔软细腻的沙滩、树影婆娑的环岛路，校内有温婉秀丽的芙蓉湖、静谧闲适的情人谷、热情奔放的上弦场。晚饭后，有人环湖散步，有人沙滩嬉闹，有人静坐远眺，有人骑车兜风，三三两两，踩着月光、吹着海风，散发着青春的活力。

在我攻读博士学位的时候，朱孟楠教授担任金融系系主任职务，平时非常忙，但他宁可牺牲自己的时间，也不愿意耽误别人的事情，方方面面都做得很妥帖，我们非常佩服！朱老师经常教导我们要自强不息，要秉持坚忍不拔的精神，勇攀学术高峰。在他的指导下，我们是当年金融系最努力学习的一支团队，也是最有团队精神的一支团队。业余时间，朱老师喜欢和学生一起活动，一方面可以掌握学生的思想动态，另一方面还可以拉近师生间的距离。有这样一位导师，我们非常幸福。记得通常是我发起活动，先征求朱老师有没有空，然后由师妹李江华和王雯找活动地点并通知师门同学参加；由于朱老师非常有亲和力，常常有其他导师的学生申请和我们一起活动。记得常在一起活动的博士生有陈文奇、蔡庆丰、吴海兵、黄晓东、陈宇宁、蔡丛露、邹志明、喻海燕，硕士生有李丕东、李江华、王慧卿、陈意、王俊芳、李兴邦、杨琳、严佳佳、王雯等。

我们师门活动丰富多彩，有聚餐、打80分、K歌、爬山、跑步、打乒乓球、骑车等。记得有一次师门聚会打80分，朱老师和王雯对家，我和吴海兵对家，其他同学观战。那天晚上朱老师和王雯手气不太好，连输了两局。到了第三局，我希望朱老师能赢一局，就给吴海兵使眼色，吴海兵也明白我的意思，我们俩就要么故意出错牌被罚分，要么偷偷把对拆成单张打，可是他们的牌实在不怎么样，追得非常慢，急得我们满头大汗，好不容易才让朱老师赢了第三局。结束后，朱老师笑着说："要是在解放前，你们两人适合当地下工作者。"说完大家哄堂大笑，其乐融融。

在校期间，太太多次带我女儿梦恬到学校玩，女儿看到我宿舍的高低床觉得很有趣，一直爬上爬下乐此不疲。李兴邦、李丕东、李江华等师弟师妹很喜欢她，常常逗她玩，还给她买好吃的。有一回，我和几个师弟师妹一起带梦恬在校园散步，她天真地说："厦门大学比我家边上的西湖公园漂亮多了，还不用买门票。"惹得大家夸她聪明会说话。

记得博士论文写作阶段，每天晚上10点钟，我就约陈文奇、蔡庆丰两位博士一起去勤业餐厅吃点心，然后踏着月色，绕着芙蓉湖边散步，边相互请教，回宿舍后继续挑灯夜战写作到凌晨3点多。当我如释重负地提交完博士论文，很幸运地迎来了厦门大学85周年校庆。最难忘的是上弦场的"同一首歌"活动，由于座位有限，学生通过抽签决定能否在现场观看，我很幸运地抽到一张票。当数千名学生集中在厦门大学最美丽的操场上，大家手拉手，跟着音乐一起载歌载舞时，真让人难以忘怀。2006年4月，在离开美丽的厦门大学校园前，我也以这种方式和全校师生共同度过了一个特别的节日。更使我难忘的是，那天正是我的生日！

2021年，又是一年凤凰花开，厦门大学迎来百年华诞，经济学院也迎来经济学科设立百年生日。我有幸应邀参加经济学院举办的系列庆祝活动，接触到周颖刚教授、郭晔教授、蔡庆丰教授、潘越教授、许文彬教授等一大批承上启下、朝气蓬勃、硕果累累的中青年专家，不得不感叹，经济学院真是人才辈出，花团锦簇！

征程万里风正劲，重任千钧再扬帆。祝经济学院枝繁叶茂！祝经济学院再创辉煌！

回首来时路
初心再启航

◎ 陈伟明

男，厦门大学经济学院财政系财政学专业 2003 级本科生，财政系 2007 级硕士研究生，财政系 2009 级博士研究生。现任平潭综合实验区财政金融局党组副书记、副局长。

今年是厦门大学经济学科迈进新百年和经济学院成立40周年。我有幸从2003年起就读于厦门大学经济学院财政系，到2012年毕业，先后在厦门大学获得了财政学学士、硕士和博士学位。作为一个在厦大经济学院求学9年的学子，躬逢盛事，幸甚至哉！

南方之强、中国最美大学、中国大学"五大母校"……我想，一千个厦大人心中就有一千个母校印象。尽管每个校友对母校的印象各有不同，但相同的是都对母校充满了无限的眷恋。有人说，厦大绚烂的凤凰花和青春记忆可以画等号；有人说，是厦大白城浪漫的海滩留住了年轻的心；于我而言，厦大之中最美的风景是人，是我身边一个个熟悉的厦大人加深了我对母校和对院系的感恩和思念。从18岁到27岁，我人生中最美好的年华和青春在厦大经济学院度过。这里有我最难忘怀的高人、友人和恋人，有我最在乎的师生情、校友情和爱情。

陈伟明读博期间拍摄于厦门大学上弦场（作者供图）

高人——谁欤操钥发其藏

初入厦大时，我就被校主陈嘉庚先生的爱国精神深深感染。嘉庚精神赋予了我们每位厦大人鲜亮的爱国底色。来到经济学院的第一天，我的老师告诉我，何谓"经济"，就是经世济民、经邦济国的家国情怀。来到财政系求学，我有幸聆听了我的师祖、财政国家分配论代表人物邓子基教授的教诲。邓老师一生教学育人，出人才出成果。但他总是谦虚的表示他不是什么大家、泰斗，只是财政学的一名老兵。从邓子基老师以及我的导师陈工老师和童锦治老师等财政系各位优秀老师的身上，我不仅看到了一代宗师的高人境界，更是领悟了为国理财、为民理财的情怀和理念，学到了"操钥发其藏"的理财本领，坚定了从事财政学研究和财政工作的理想信念。以财行政、以政控财，坚持以人民为中心，全心全意为人民服务，成为我作为一名厦大财政人最美的坚守，也成为我日后作为一名财政干部的初心和使命。

友人——致吾知于无央

王亚南校长、陈景润校友的科学精神一直是厦大人心中代代相传的神圣信仰。我和我的舍友王骏也毫不例外地被它深深感染。记得求学期间，在我这位舍友的带动下，我们既一同"出世"，在象牙塔里秉持着科学的精神，自由讨论着公共财政论和国家分配论的不同观点；又一同"入世"，从开展海西联盟暑期大学生社会实践队调研南平林改的财政问题到参加"挑战杯"全国大学生创业计划竞赛，做最早的"大众创业、万众创新"的"吃螃蟹者"。自强和科学精神是厦大赋予我们最好的气质，也是我们本着科学精神探索财政学知识及深入实践的勇气和力量源泉。如今，我们虽然天各一方，但仍然都不忘初心，奋战在财政部门的岗位上，继续在财政改革工作的实践中不断探索着新时代财政工作的理念、方法和路径，保持着厦大财政系交给我们的科学探索、勇于实践的理想和信念。

恋人——充吾爱于无疆

有人说，在全国最美丽烂漫的厦大校园，如果没有谈一场轰轰烈烈的恋爱，就相当于白读了厦门大学。好在，我并没有错过。从厦大漳州校区到思明本部的芙蓉楼、上弦场，我有幸在财政学求学的路上遇到了自己的真爱。毕业后，我的夫人也进入了财政系统工作。在相知相爱的路上，也有我们彼此对财政学、对财政工作的一路探讨、相互鼓励和陪伴。我不会忘记毕业离开厦大财政系选择前往财政厅工作时夫人一如既往的支持，也不会忘记我对她许下的"不负所学不负卿"的庄重承诺。我想，正是厦大的财政学求学经历和财政工作的共同情怀成就了我们共同的理想信念和追求，也成为我们相互鼓励、一路走来的最美精神信仰。

回望来时路，我想起一位本科同学曾说过，厦大经济学院是一座百花园，我们每一位厦大经院的学子只是这座百花园中的一棵小草。但是，小草也会有大大的梦想。百年厦大，经济学院这座百花园繁花似锦。作为其中生长的一棵小草，我心怀感恩。立足当下，在财政的工作岗位上践行厦大财政系人的初心和使命是我最值得骄傲和荣幸的地方。展望前进路，希望我们这样一棵棵平凡的小草，能够以自己的努力让厦门大学经济学院这座百花园更加美丽绚烂！

你还是我第一次看见的样子，从未改变

◎ 蔡宏波

男，厦门大学经济学院国际经济
与贸易系 2004 级硕士研究生，
国际经济与贸易系 2006 级博士
研究生。现为北京师范大学教
授，任经济与工商管理学院副院
长。

对厦大的认知是在我读大学本科时建立的。可能是因为福州大学和厦门大学同处福建，加上读本科时身边的同学和他们的家长大多来自福建，他们对于福建甚至可能也是中国南方最好的大学有颇多赞誉，我不经意间便萌生了去厦大读研的念头。在福大四年的大学时光是快乐和充实的，虽然大二时自不量力修读了数学、信息与计算科学双学位，也艰难地和数学系的同学一起上课，踩线通过了数学分析、概率论与数理统计等科目的考试，但最终一切让位于考研，大三下学期末我就开始备考。经过奋力一搏，2004年3月我收到了前往厦大参加研究生复试的通知。那个时候，从福州到厦门还没有高铁，普通列车也是周折辗转，于是一上车就晕车的我找了一位闽南好友陪伴，咬着牙登上了厦门湖滨南的大巴。车好像开了4个小时才到，那是我第一次来到厦门。

一到厦门，好友马上叫来了他在厦大读书的同学，他把我们安顿在了华侨之家——一个校内半山腰的旅馆。快20年过去了，厦大仿佛还是

2018年12月，蔡宏波在2018（第三届）中国汽车与保险大数据产业高峰论坛汽车市场大数据主题论坛上发言（作者供图）

我第一次看见的样子：湖光倒影、郁郁葱葱，建筑错落有致。我在备考期间曾得到厦大一位师兄的指点，于是一到学校我就马不停蹄地过去拜访感谢，他给我介绍了好几位国贸系的老师，不过现在真是想不起来当时都提到了谁。初次来到经济学院是面试前一天晚上来踩点，记得那时还能看到几间办公室亮着灯，老师伏案与灯影相伴，我蹑手蹑脚地查看了贴在当时B座3层国贸系办公室门外墙上的复试通知，又在院楼逛了一圈，盼望着第二天的面试，回到旅馆后也记不得晚上睡得怎样。反正据后来我的导师黄建忠老师跟我说，那天面试他正好在我的小组，对我的回答印象深刻，尤其是关于发展经济学的几个问题，比如托达罗模型等。就这样，我开启了厦大五年的学习生活，也从此与导师、母校结下了一生的缘分。

都说中国最美大学无与伦比，可我直到博士毕业校园留影时才真正领略了建南大礼堂、上弦场、群贤楼群、风雨操场的风采。五年的学习紧张而富有挑战性，从被"三高"压得喘不过气来，在南强二从天亮坐到天黑，到硕博连读面试前一天晚上失眠，再到博士生期间第一次出国、毕业时找到人生第一份工作，现在想起来那些场景仍然历历在目。工作后有一次我受邀回到厦大参加会议，发言时正好看到林光平老师在台下就座，问候之余，当年学习高级计量经济学Ⅱ的苦涩顿时涌上心头。其实一晃快20年了，毕业也10多年了，但我却感觉从没离开过母校，仿佛欢笑与汗水，点点滴滴都从未褪去，她就这样一直住在我的心里。

今年是经济学院成立40周年，厦大经济学科由此迈向新的百年。谨以小文怀念我的厦大时光，感恩过去塑造过无比辉煌的厦大先贤，感激我的老师们，也感谢我的小伙伴，同时，更加期待未来拥有厦大的你们。

又到凤凰花开时

◎ 唐文倩

女，厦门大学经济学院财政系
2004 级本科生、2008 级硕士研
究生、2010 级博士研究生，现
供职于福建省财政厅。

感恩母校母系

在厦大百年璀璨的长河中，我们只是一朵再小不过的浪花。然而，在我们每一个财经学子的心中，母校母系永远是烙印心底、无法忘却的青春印记。

我对厦门有第二故乡的向往和依恋，对厦大财政系的师长有再造之恩的感念和深情。18年前，一个瘦小的身影，夹杂在安徽30多万人的高考大军中，经历了大浪淘沙后，到了一个美丽的海岛，在"提高警惕、保卫祖国"的军训口号声中，带着忐忑和兴奋，我踏进了海滨城市——厦门。

在我人生所走过的青葱岁月中，有超过三分之一的学习时光在厦大度过。这是一个孤独而不孤单的奋斗历程，这是一个艰辛而又纯净的成长过往。一晃多年过去才发现，心无旁骛地读书学习是多么惬意的事情，而早已长大的我们终究是回不去那样追梦的日子了。

唐文倩2013年博士毕业照（作者供图）

从酷暑到寒冬，往返于老家庐州和美丽鹭岛之间，当空气中略带腥味的海风已成习惯，我念完了所有既定的专业课程，也到了该告别那个平静安逸海上花园的时刻。博士毕业论文的致谢中，我感伤地写下："又要到凤凰花开的季节，我们一届又一届'财子'们即将踏上人生新的征途，匆匆去往下一个路口。"

从最初离开家乡亲人的青涩懵懂，到如今挥洒汗水、奔忙服务在苏区老区的基层一线，是众多厦大的师长们帮助支持我在八闽大地上虽傻傻愣愣却也阳光充实地一路走来。

感念泰斗恩师

对知识的孜孜以求，成就了他在学界的泰斗地位；对教学的热爱执着，坚定了他"教书育人出人才出成果"的人生理念。藏在他心底对学术的深情似火种，点燃了七十余载的教学科研岁月，照亮了财政学界的一片天空，也温暖了共和国几代财经学子。他的学术之树常青，他常说自己是财政科研教学战线的"老兵"，他就是我国著名经济学家、财政学家、教育家邓子基教授。

老师常说"得天下英才而教育之"是平生最快乐的事，非常幸运能成为邓门的学子。进入师门十几年来，我从一名来自安徽的普通小女生，走到了老师的身边成为财政学博士，再成为财政系的一名公职人员，深切感恩老师的慈爱关怀和一路引领，感恩老师在美丽的厦大校园给予我继续深造的机会，感恩他让我在南方之强的沃土上，圆满顺利地完成自己九年的求学生涯，真可谓"根深托新枝"。

在我们这代学生眼里，他是一位可敬可爱又慈祥的老爷爷。老师为培养我们倾注了大量心血，不但教我们经世济民的学问，还润物无声般地将读书人风骨根植于我们每一位财经学子的内心。除此之外，老师还经常给我们讲述他传奇的人生经历，包括少年时候的求学艰苦，通过这些传递给我们的是乐观豁达的人生态度和虚怀若谷的学术品格。

在成为邓老工作助手的三年多时间里，老师已至耄耋之年，然而他的工作依然繁忙而充实。他坚持给每届博士生上基础理论课，坚持出席学校的各种活动，从毕业典礼到新生见面会，坚持每天伏案几个小时写作抑或批改论文。

回想过去，我眼前浮现出熟悉的画面：师母递进书房的一杯清茶、几本边角都磨毛了的笔记本、书案上一个个不同度数的放大镜，以及我们论文里那些红蓝相间、密密麻麻的批注。

老师教导我们，我们学的是财政学，财政是国家治理的基础和重要支柱。到工作岗位后，我更加切身地体会到，财政的改革与发展常以老师的学术思想、理论成果为内在肌理，见之于政策，付之于实践，生财有道、聚财有方、用财有据，老师的理论成果为我国经济发展与民生福祉发挥了重要作用。我们厦大财政系也在老师的引领下日益枝繁叶茂，为财政系统源源不断输送青年才俊，为财政事业增添勃勃生机。

愿老师在天上依然是一个快乐的老人。邓门学子将继续秉承老师的治学理念、为人品德，问道持真理，立论为人民，文章与时进。

感怀青葱岁月

匆匆那年，那年匆匆。

我们的大学时代已经写入了一代人的青春怀旧电影：怀抱经济学原著，挎着笔记本电脑，哼着民谣，蹬着单车，做不完的考题，说不出的恋慕。

再次走进经院，同样是这个时节，同样是急匆匆地行走在这条过道，突然间，曾经九年的学习时光在脑海中一页一页翻开：几曾靠在墙边欣欣然读着英语，几曾窝在角落挥笔推演，几曾顶着酷热研读"三高"，几曾在楼梯道上狂背重点，几曾三五同窗相谈甚欢。

再次走过图书馆，馆藏书卷散发出的气息如此熟悉地扑面而来。我从自修室的长廊穿过，透过纱窗，瞅见书桌旁一个个青年学子认真坚定的模样，仿佛这柔和的光影在给这些"财子"照亮他们憧憬未来人生崭新篇章的路。

再次坐到咖啡屋，楼道里弥漫着摩卡的味道，暖色调的布局依旧，电脑和各类书籍散布一个个小桌。邂逅当年的同窗，畅谈各自十年的追梦、共同的记忆与成长，感叹时光的流逝。

再次穿过回廊，布满藤蔓的木制回廊曲折蜿蜒，将院内各个楼宇连通，微风轻拂裙角，夏日里略带湿气的风微微拂过我刚吹卷过的发梢，空气里略带些许花露水的味道。

再次漫步石板路，从亦玄馆到经济楼这条路坑洼不平却再熟悉不过了，阳光透过一路的树荫，蛐蛐虫声奏响夏的乐章。身边飘过一队毕业生，穿着黑色、蓝色间或红色的袍子，发挥想象摆出各种高难度 pose（姿势），定格青春灿烂的容颜。

我在经院就读的九年间，学长学姐们大步流星勇往直前，学弟学妹们激情四射纷至沓来，我含笑着看他们从身边一一走过。"君子博学而日参省乎己"，坐在这儿安静读书的时候，焦躁、烦闷、踌躇的情绪统统可以放下。

多年以后，我早已习惯了奔走在各个城市的站台。人生也许就是这样，在留恋不舍与向往憧憬中，从一个路口，到下一个驿站，途中有别样的风景，也有匆匆的过客，更有相伴一同走过精彩旅途的厦大财经人……

我与厦大经济学科共成长

◎ 赵柘锦

男，厦门大学经济学院经济学系经济学专业 2006 级本科生。现为哈尔滨工业大学（深圳）经济管理学院助理教授。

我于2006年考入厦大经济学院经济学系。应该说，当初报考厦大经济学系纯属偶然，但就是这种偶然深刻影响了我今后的命运。我生在山西省原平市的一个小山村，从小到大读的都是很普通的学校，就读的县中每年能考上985或211大学的学生屈指可数。我的父母都没有上过大学，自然也无法为我的志愿填报提供太多参考意见。有一天我去网吧上网，跟一个网友聊起此事，对方二话不说就向我推荐了厦门大学，她说厦大学风好，风景优美。在一番简单搜索后，我决定报考厦大。就连选择经济学系也是这个网友的建议，因为对方提到经济学系可以发挥我的数学优势。就这样，我成了我们高中有史以来第一个考到厦门大学的学生。

入学后，在军训期间经济学院就为我们大一新生组织了现代经济学讲座，引领我们入门。我记得自己参加的第一场讲座是英国南安普敦大学陆懋祖教授做的学术报告。虽然我早已不记得陆老师讲的具体内容了，但他的学者风采和对学术的热爱深深刻在我的脑海里，构成了我对经济学家形象的最初认知。经济学系非常注重理论训练，其中马克思主义经济学又是系里的特色和研究重点。赖小琼老师担任我们政治经济学资本主义部分的授课教师，给我留下了深刻印象。赖老师理论功底深厚，态度和蔼，对于学生提的问题总是充满耐心。直到今日，我还记得在课间休息时她面带笑容回答同学提问的场景。

经济学系对于本科生的学术科研活动非常重视，既有由低年级学生负责的《经济桥》报纸，又有主要由高年级学生负责的《学经济》杂志，这两种刊物构成了完整的本科生科研培养链条。我在大一和大二的时候，主要对经济学科普文章比较感兴趣，也尝试利用所学知识去分析和评论现实经济问题。《经济桥》曾经刊登过我的几篇文章，这对我来说是莫大的鼓励。在大二下学期的时候，我偶然间参加了《学经济》举办的一次活动，并由此认识了《学经济》的指导老师张兴祥和诸多学生编委们。张老师对于《学经济》杂志非常重视，定期组织学生开会讨论经济学问题。可以说，《学经济》杂志汇集了经济学系本科生中对学术最有兴趣的一群人。当时2005级的吴宇川、连小超和程元宁等学长学姐是我崇拜的偶像，他们不仅学习成绩优秀，还能经常在《学经济》杂志上发表论文。每当看到他们优异的表现，我都深感自己的不足并希望多向他们学习。这些学长学姐对我也非常关照，我还清晰记得吴宇川学长在漳州校区的校园里一边和我散步，一边讨论经济学问题，还请我喝阿福伯烧仙草的情景。厦大经济学系的学术精神就是这样在一级一级的学生中传承下来的……

张兴祥老师看到我对经济学研究有几分兴趣，便经常鼓励我，还一次次不厌其烦地教导我如何才能成为一名专业的经济学研究者，常抽出宝贵的时间来帮我修改文章，令我十分感动。在张老师的指导下，我对学术研究的兴趣越来越浓，不但完成了第一篇习作，还最终发表在了《学经济》杂志上。后来，张老师还推荐我撰写顾准的一篇文章投稿给《厦门大学报》并最终得以发表。大概是因为写得不错，这篇文章给校报的卢明辉主编留下了深刻印象，我听张老师说，时过多年后卢主编还常常提起我的这篇文章。自那以后，我就逐步下定决心，立志成为一名经济学研究者。除了专业学习，张老师还非常强调中文写作能力，他鼓励我将读书心得和平日的思考收获写成文章，这一点让我受益匪浅。即便我后来出国多年，在中文写作上也从来没有感到生疏，这在很大程度上要归功于张老师的谆谆教

2009年3月赵柘锦（左一）与《学经济》杂志的编委进行研讨（作者供图）

导。当然，张老师对我的帮助，不仅在学术上，更体现在做人上。在老师与学生的关系很大程度上异化为"老板"与"雇工"的今天，张老师从来没要求我为他做过项目，为他干过任何私活。相反，他总是认真地督促我的学业，倾听我遇到的困惑。每当我遇到困难时，他总是会出手相助。在保研时，我本可以留在经济学系读研，但当时对北京抱有很大的期待和向往，想前往北京读书。张老师虽然从内心里希望把我留下来读研，但他心胸开阔，不但没有阻止我的想法，还积极推荐我去北京师范大学深造。在青年时代，能够遇到这样一位德才兼备的老师，真是非常的幸运。许多年后，当我也成了一名大学教师时，我会自觉将张老师作为我的榜样，去督促自己像张老师一样去培养和爱护学生。

从我作为一名学生的视角来看，厦大经济学科之所以一直以来都能走在全国前列，不仅在于厦大有一批德才兼备的教师，还在于厦大经济学科一直以来秉持的自由开放的学术氛围。令我印象深刻的是，在2006年我入学的时候，"经济学原理"这门课使用的是哈佛大学曼昆教授的著作，而彼时国内大多数院校使用的还是国内学者编写的教材。"国际经济学"这门课的教材更是直接使用著名经济学家克鲁格曼编写的英文原著。同时，老师们研究和关注的又绝大多数是中国经济问题。这充分体现了厦大经济学科既坚持与国际接轨又聚焦中国现实问题的办学理念。当时王亚南经济研究院刚刚成立不久，与经济学院还处于相对独立的管理状态，但它的正向外部性已开始显现。我记得亚南院总会邀请很多国外的专家学者来举办学术讲座或者开设短期课程。虽然我当时只是一名本科生，但也经常混进去听课。亚南院对于旁听生是十分开放和包容的，我曾听过邹至庄先生讲的中国经济专题课程，至今对邹先生的仪表风度记忆犹新。

2010年夏天，我从经济学系毕业了，从此离开了厦门，但我与厦大的联系一直没有中断。在后来读研和读博的日子里，我始终与学院老师保持联系，也曾经利用暑假时间到亚南院参加暑期培训活动。2019年3月，我从法国里昂大学博士毕业，由于太太是厦门人，我便同家人回到厦门暂住。当时我刚刚接到香港大学商学院博士后的聘用通知，由于办理工作合同和入境手续需要几个月的时间，我便有了一段空闲时间。张兴祥老师非常慷慨地把他的办公室让渡了一半空间给我，让我得以有一个安心做研究的办公空间。那短短的几个月，是我自从毕业后与厦大接触最多的时间。我非常珍惜这个难得的机会，基本上每天都会去学院办公，也会旁听学术会议，与学院的很多老师一起聊天交流。得益于这段时光，我结识了傅十和、李嘉楠、韩晓祎和许璟睿等老师。由于我的研究领域是城市经济学，因此与傅十和老师的共同话题较多。后来在他的鼓励下，我把博士论文中研究法国房租管制市场的章节投稿到了 *Growth and Change* 杂志，并最终得以发表，这是我学术生涯中发表的第一篇论文，极大地增强了我的自信心。可以说，如果没有我与厦大经济学科的这种缘分，也许这篇文章到现在还没有机会发表，我的学术道路甚至会走向另一个方向。在港大做博士后期间，我也一直与学院老师们保持着联系。当我今春拿到哈尔滨工业大学深圳校区助理教授的聘书时，我第一时间与学院老师们分享了这个消息，大家都为我感到高兴。我深深知道，如果没有厦大经济学院的培养，我是不可能一直留在学术圈的。

回首过去十几年的经历，每到一个学业阶段，我就换一所大学：从厦门大学到北京师范大学、法国里昂大学、香港大学，最后落脚在哈尔滨工业大学（深圳）。我的思考、研究和成长的轨迹也是在持续不断的迁移中完成的，但唯一不变的是我与厦大经济学科的紧密联系。从2006年到2022年，我见证了厦大经济学科的飞速发展，她在变得越来越国际化的同时，也越来越扎根于祖国大地。而我本人也直接受益于厦大经济学科的发展而得以成长，更盼望自己能在未来为厦大经济学科的发展贡献一点绵薄之力。

一句话、一辈子、一生情

◎ 李海奇

男，厦门大学王亚南经济研究院2007级博士研究生。现为湖南大学金融与统计学院副院长、教授。

欣闻母校厦门大学经济学科迎来百年庆典，征集校友感想感言，作为厦大 WISE 的老三届博士，昔日的温暖不禁又涌上心头，泛起涟漪。我有幸于2007年进入 WISE 学习，到2011年博士毕业。在毕业后的11年中，每当回到母校参加学术会议，就像是回到了故乡；每当在各地学术会议上遇到母校的老师，就像是遇到了自己"老家人"，倍感亲切；每当夜深人静时，回想起当年在母校生活的点点滴滴，就仿佛犹在昨日。

我与 WISE 的渊源可以追溯到2005年下半年，当时就知道 WISE 是美国康奈尔大学终身教授洪永淼教授回国在厦大创立的独立研究院。2006年夏天，WISE 举办为期一个月的计量经济学暑期学校，我报了名，

2011年6月李海奇与方颖老师、林明老师、WISE 2007级博士生张玉鹏、张进峰、王亚峰于经济楼前合影（从左到右依次为：王亚峰、李海奇、方颖老师、林明老师、张进峰、张玉鹏）（作者供图）

并有幸被录取，从而见到了很多那时只能在论文里面读到的著名学者，受益良多。2007年，我又有幸考进了 WISE 攻读博士学位，也因此进入一片更广阔的天地。WISE 的方颖教授当时刚博士毕业，回厦大工作不久，给我们上"高级计量经济学"和"面板数据分析"。我至今仍然记得，初识方颖老师是因为一次夜宵。那天，我们几个同学晚上下课后一起去吃夜宵，恰好碰到方颖老师走过来，便邀请方老师一起。席间，方老师跟我们天南海北地聊，聊他的博士生活、研究方向，也询问我们在学习中的想法和困惑等。大家相谈甚欢，后来方颖老师还抢着把单买了，使我们倍感温暖。

在 WISE 读博的四年，是幸福的四年。幸福是因为那时我们住在全国最美丽的大学校园里，依山傍海，暖风微醺；我们在全国最舒适的学生宿舍，单人单间，还有独立阳台、卫生间和空调；学习之余，我们或者去后山游览植物园，在绿色氧吧中放松心境，或者沿海边骑行，领略大海的宽广和磅礴；因为 WISE 频繁的国际学术交流，我们可以非常容易地见到国际上的著名学者，跟他们面对面请教、交流。由于我们是 WISE 成立初期招的博士生，那时给我们授课的老师都非常年轻，比如方颖老师，还有现已回韩国工作的 Sung Y.Park 老师。因为年龄相差不多，所以我们与老师们的交流非常多，从学术到生活，到各种学术圈八卦，几乎无话不谈，这也无形中让我们学到了很多东西。Park 老师是韩国人，有时会想念韩国菜，所以带着我们吃遍了厦门的韩国餐馆。我觉得最好吃的是韩国泡菜，最要命的是韩国清酒，虽然度数不高，但一喝就上头。

在 WISE 读博的四年，也是痛苦的四年。痛苦是因为不知道自己的论文什么时候能够发表，什么时候能够毕业。我们那一届同学原本学制是三年，但是洪永淼老师觉得三年时间不够，把我们的学制改成了四年。这在当时几乎是让人崩溃的。但是现在看来，我们那时没有匆忙地进入职场也有很多优势。所以，在我们第四年找工作的时候，因为有了更多的积累，七个毕业的同学都找到了心仪的工作，其中五个进入学术圈（分别进入北京大学、山东大学、华东师范大学、湖南大学、对外经济贸易大学工作）。如今，真要感谢洪老师当时的严格要求和远见卓识。

博士毕业后，我进入湖南大学金融与统计学院工作。我由于工作的原因常回厦大，与母校的老师亦多有交流。其间也因为洪永淼老师的帮助，到美国康奈尔大学经济学系访问学习一年，这一年的海外学习经历亦使我受益匪浅。在后来我工作的近11年时间里，每当遇到困难，对母校的老师说起，他们总是义不容辞地为我提供帮助，全力协助我解决问题。每当在会议或者工作中碰到洪永淼教授、蔡宗武教授、方颖教授等母校老师们，他们总会热情询问我的学术进展，指点我科研、教学的方法以及做人做事的道理，这使我在无形中少走了很多弯路。

作为厦大 WISE 的毕业生，这种幸福感将伴随我的一生。套用一句古诗，正可谓：一入厦大情似海，不辞长做经济人。

凡心所向，
素履以往

◎ 谭明星

男，厦门大学经济学院金融系
2007 级硕士研究生，中国精算
师。现为横琴人寿保险有限公司
党委委员、总经理助理。

韶华不为少年留，太匆匆。此时此刻，当我再次回忆厦大的时光，一幕又一幕熟悉情景又浮现在眼前。原来，一切都不曾离开，那些激动人心、奋勇拼搏、挑灯夜战的画面都已化作不断前进的动力，支撑我走过了风雨兼程的十二载岁月。真的，我怀念校园的一切。

如果一定要追寻最初的记忆，那我一定会想起那个难忘的晚上。为了参加经济学院组织的研究生复试，我提前买了火车票，从武汉来到厦门，一路上我都激动不已，我感觉厦门大学已经在向我招手，生命从此迎来新生。由于火车晚点，晚上九点多才到达厦门。我拎着大包小包，行走在霓虹灯闪耀的街上，任厦门的温柔海风吹拂，惊诧地发现原来一座城市可以这样精致、美丽而浪漫。虽然兴奋不已，但当时最为紧要的是解决晚上的住宿问题。为此，我在厦大附近找了一个又一个酒店，然而对比下来还是发现酒店费用对于当时的我来说"贵"不可言。不过非常幸运的是，一位热心肠的厦大同学推荐我去住青年旅舍，并主动帮忙拿行李带路。一个晚上只需五十元的费用终于让我放下了"顾忌"。当一身疲惫住进旅社，我就暗自发誓，一定要复试成功，留在这座有温度的城市。

最后，我有惊无险地被经济学院保险学专业录取。其实，当时我自身并不懂保险，也不知道如何规划未

2010年毕业前夕，谭明星在嘉庚广场前拍照留念（作者供图）

来，而只是渴望考上一所名牌大学，从而改变命运。拿到录取通知书后，我才开始了真正的人生规划。在朋友的建议下，我准备报考中国精算师考试，但那个时候我已经回到武汉，而我的报考地点则是厦门大学。由于报考程序比较繁琐，而我又不方便再回厦门大学，所以就主动联系了当时负责中国精算师资格考试厦门考点的负责人赵正堂老师。我将我的特殊情况告诉了他，没想到赵老师说："反正九月份你就要来厦大报到，报考费用和其他流程，我会帮你全部处理好。"赵老师的友善、热情令我刻骨铭心。所以后来，我自然而然且毫不犹豫地选择了赵老师作为我的导师。反而是赵老师当时劝我再考虑一下，因为他觉得作为导师他还太年轻，然而我却觉得，年轻才有无限可能。

冥冥之中，一切自有天意。事实证明我的眼光不赖。从开始成为赵老师的学生开始，他就开始对我的学习和人生进行了规划，对我提出了近乎苛刻的要求。他要求我既要会读书，也要会应用，还要会做人，尤其要做一个不甘平庸、懂得感恩、自强不息的厦大人。为了让我全身心地投入精算师考试，赵老师不断提醒我，专注专注再专注，一定要攻克这个山头。为了个人梦想，也为了不让老师失望，我研究生期间几乎所有的课余时间都专注于精算师考试。通过努力，我在研究生期间就通过了所有十四门的精算师考试。

赵老师跟学生经常打成一片、称兄道弟，这份亲切在无形之中增进了师生彼此的感情。当时我便畅想，如果将来有一天有幸成为一名教育者，我也要做一个知识渊博而又平易近人的老师。知识再渊博，也会有不足，而懂得谦恭对待任何人，才是一个人最得体的教养。虽然我现在是一名管理者，但是我一直保持像赵老师这样与学生同乐的风格，严肃而又活泼，严厉而又温润。诚然，要调动每个人的激情，激化每个人的潜能，就要发自内心与人共情，这样才能真正在彼此思想碰撞的火花中实现伟大的共同目标。

在经济学院读书期间，我有幸得以博览群书，聆听各领域专家的精彩授课，这样的跨学科学习，让我养成了辩证的思考方式，即能通过全方位、多角度分析问题，从而抓住本质，洞悉规律。我记得上学时我们有一门制度经济学课程的老师授课非常精彩，其中给我印象最深的一句话是："好的制度能让坏人做好事，坏的制度也能让好人做坏事。"这一观点深深改变了我对于人生奋进的认知。我们努力向上攀爬，是为了自己，但也不能仅仅如此，也应该为了让这个世界更美好而奋斗。当我们身处一定的位置时，就应该制定好的制度，促进坏人做好事，推动好人继续积德行善。权力只有掌握在诚实正直的人手里，才有可能成为推动社会进步的发动机。我经常反省自己，我所做的是否也会让其他人觉得我在妨碍社会的进步。如果是，我就应该果断改变；如果不是，我就继续坚定前行。

厦门大学的校训是"自强不息、止于至善"。自强不息也是我们这个伟大民族的最大底色。不管命运如何多舛，岁月如何无情，我们永远都要以坚忍不拔的姿态向着未知的明天迈进。岁月虽带伤，但是那些镌刻在我们内心的奋进精神将永不磨灭。止于至善，就是坚持日拱一卒，相信永远有更好的办法，有更美好的明天，有更激动人心的目标。永葆好奇心，不满足现状，不怕折腾，永不停步！苟日新，日日新，又日新！止于至善，于我而言，还是一种伟大的工匠精神。中华民族伟大复兴的中国梦，尤其需要成千上万的学子拥抱工匠精神，以时不我待的紧迫感，将自己的青春热血与祖国的发展紧密联动起来。

校主陈嘉庚先生的家国情怀也深深感染着我。嘉庚先生身处一个山河飘摇、生灵涂炭的时代，为了救国图存、民族复兴，不惜倾其所

我与厦大经济学科的故事

谭明星

厦门大学经济学科新百年暨经济学院成立40周年

有建设厦门大学。其气魄之大，目光之远，爱国之深，举世罕见。嘉庚先生说："民智不开，民心不齐，启迪民智，有助于革命，有助于救国，其理甚明。教育是千秋万代的事业，是提高国民文化水平的根本措施，不管什么时候都需要。"振兴中华是每一位有志中国人的梦想。我虽不才，但也知道位卑未敢忘忧国。天下兴亡，匹夫有责，我们应当向嘉庚先生看齐，任何时候都要以国为重、以民为本，尽己所能，为社会发一束光，为国家出一份力。当前，新冠肺炎疫情频发，国际形势错综复杂，国家面临前所未有的挑战。此时此刻，我等更觉嘉庚先生所代表的爱国主义情怀何其可贵，为民族争自尊的精神何其可贵，为祖国千秋万代着想的奉献精神何其珍贵。艰难困苦，玉汝于成。

自从毕业之后，我就一直在寿险行业打拼。负责的每一项任务，我都以"止于至善"的标准激励和要求自己，要做就做到最好。由于坚持不断跨界，不断尝试新挑战，我的见识与能力不断跃迁，短短几年就成为一名管理者。每当遇到挑战的时候，我都会问自己："你全力以赴了吗？你甘心吗？"每当遇到诱惑陷阱的时候，我都会反问："自强不息的校训难道是让你同流合污、与虎谋皮吗？"当我志得意满的时候，我会反省："这真的值得骄傲吗？可不可以更好？"人生万事须自为，跬步江山即寥廓！有幸生于伟大的时代，生于伟大的国家，即使不能做出丰功伟绩，也要功不唐捐，不负母校期盼，不负时代。凡心所向，素履以往，人生的至暗时刻都是挺过来的，所以，根本没有胜利一说，只有挺过来的精彩无限。挺过去，在我看来就是自强。我们不是走在繁花似锦的路上，恰恰相反，我们都走在一条布满荆棘、杂草丛生的路上，但因为我们路过，一边铲除荆棘和杂草，一边种植鲜花与希望，所以现在我们回望来时的路，才看到了花团锦簇、生机盎然。所有让我们为之骄傲的时刻，都是我们拼尽全力的赏赐。

2021年，我有幸回到母校进行经验分享。讲座那一天，我兴奋不已，几乎遍历了校园的每一处风光。再次穿越芙蓉隧道，就像走进时间的隧道，彷佛一切都未变，只为迎接学子的回眸。如果时间可以倒流，厦大的每一寸时光，我都想偷回！穿越千山万水，观看星辰大海，遍历苍茫大地，总觉得只有厦门的云海翻腾是最美的音符，厦门的浪漫是世间可遇不可求的奢望，厦门的海风才是柔情似水的感动，芙蓉湖的清澈见底映照的才是人间胜景，情人谷里人约黄昏后的呢喃才是最动听的情话，凤凰花开的时候才是思念的季节。建南大礼堂的历史回响、上弦场的挥汗奔跑、深夜环岛路的纵情高歌、沙滩海浪诉说的亘古不变，才是岁月回赠给我的礼物。

心系母院，难忘师恩

◎ 周 厦

男，厦门大学王亚南经济研究院
2008 级 WISE-SMU（新加坡
管理大学）项目硕士研究生。现
任中大雅润（天津）供应链管理
有限公司董事长。

在成长的道路上，我一直很幸运，师长们的指导为我的发展指明了道路。大一的时候我就开始做语言考试的准备，很想出国看看。大三的时候，我向厦大嘉庚学院院长王瑞芳教授寻求留学建议，了解到王亚南经济研究院—新加坡管理大学（WISE-SMU）应用金融硕士项目非常好。向洪永淼院长请教之后，本来准备赴英美留学的我转为申请WISE-SMU应用金融硕士项目。在这一人生的转折点上，两位师长给我很多建议和鼓励，为我指明了方向。当年申请人数多，竞争激烈，最终综合各方面成绩我被录取了，前往全新的地方接受全新的挑战——第一年在王亚南经济研究院学习预备课程，第二年赴新加坡管理大学攻读硕士学位。

初识 WISE，耳目一新

2008年，WISE-SMU课程在厦门和上海两个地点进行第一年授课，上海班由厦门大学和上海业界实践经验丰富的教授联合授课。大四期间，我在上海的投资银行投行部实习，因此选择在上海班学习。我们上海班一共20名同学，来自清华、复旦、厦大等各高校。第一年的10门课节奏紧凑，知识点覆盖全面，为同学们打下了扎实的经济学和金融学基础。虽然全英文授课充满挑战，但课堂氛围欢乐。印象最为深刻的是陈国进教授、方颖教授、陈蓉教授指导我们学业并融洽交流的场景。WISE创院院长洪永淼教授会定期组织一些"events"，邀请家长和学生吃自助餐，大家聚在一起，从学院近况聊到未来发展。那时候的我们是如此幸运，能有大把与师长们充分沟通的时间。

相约 SMU，精彩纷呈

　　新加坡管理大学（SMU）是新加坡政府和美国宾夕法尼亚大学的沃顿商学院合作创办的以商科为优势学科的第三所大学，旨在培养商界精英。应用金融硕士项目在 SMU 的李光前商学院，地处新加坡金融区，地理位置非常优越。SMU 的教授们不仅学术水平高，多数还是业界大咖，其中有新加坡 CFA 协会的主席、阿波罗基金的亚洲首席执行官等，他们为我建立了金融学的整体框架思维，在之后的十几年工作中，我遇到不同的投资和产品，都是在这个框架内不断实践的。无论我是在做 IPO 还是债券投资或另类资产投资决策，都在不断印证之前学习的知识。在生活方面，我们获得了老师和学校的许多帮助。初到新加坡，在 David 教授帮助下，我与几位同学租了一间公寓，学习之余，还练就了一手好厨艺。

　　SMU 采用小班教学，非常注重案例教学和小组研讨。在校期间，我学习了30个左右的案例，经常会学习到深夜。考试期间图书馆和自习室是24小时开放的，经常有同学住在图书馆通宵学习。职业规划课是培养方案中的一大特色，共12堂课，对我们留学生帮助非常大。每节课老师们都会花上3个小时专门教我们如何撰写简历，如何着装、就餐、面试，及训练同学们的商业礼仪；学校还聘请专业的职业指导老师给学生进行具体的就业辅导。SMU 为当时即将走向业界的我提供了充分学习和锻炼的平台，帮助我认识到自己的优势并寻找到适合自己的方向。

　　除了课程具有实用性较强的特色外，SMU 的课外活动更加丰富，其中既有理论学习，也有文学艺术活动、体育健身等。我作为新生加入了投资协会，参与了新加坡管理大学和伦敦政治经济学院共同举办的亚洲投行论坛（SMU-LSE Investment Banking Conference）的组织工作。同时还参加了多个社团，有专门培训即兴演讲的"Toastmaster"，还有龙舟队、游泳队、合气道协会这类体育社团。仔细一想，短短的一年，我的生活却如此丰富。毕业之际，身边的很多同学都在感叹时间过得太快！我的同窗好友有的继续攻读博士学位，致力于成为学术型人才，有的在新加坡金融行业就业，有的则回国投身到政府机关或金融界。虽然大家各自进入了不同的领域，但当年的同学情谊仍是我硕士生活中的珍贵记忆。

进入职场，心系母院

厦门大学校主陈嘉庚是南洋华侨领袖，也是新加坡中华总商会会长。校主为南洋华侨兴资办学，新加坡成为当时客居海外的厦大校友精神寄托的家园。厦大在新加坡有5000余名校友，在厦大校友蓝伟光会长和陈抗教授的带领下，厦门大学新加坡校友会经常组织博饼等多种活动，帮助来新加坡的校友迅速融入本地。还记得参加新加坡厦大校友会的时候，我看到有好几位90余岁的老师还在协助校友会做事，那一瞬间我感受到了厦大人自强不息的精神。在厦大新加坡校友会共同为校友服务的过程中，我得到很多前辈的帮助，也结识了不少优秀的厦大校友，他们中有些已是我多年的朋友，有些已成为事业上的合作伙伴。

毕业之后，在SMU校友总会支持下，我和SMU的中国校友们共同发起成立了SMU中国校友会，为中国留学生建立更好的信息和资源互通的平台。SMU中国校友会于2018年成立，我有幸成为第一届校友会主席。在此期间，有幸结识了很多奋发有为、才华横溢的老师和校友，在之后的岁月中和他们成为好朋友。比我小一届的梁旋就是在校友会认识的，之后成为事业上的合作伙伴。校友会成立之后，在 SMU 的中国校友相互之间联系有所加强，学生们可以参与优秀校友的讲座，也可以利用优质校友资源寻求实习和就业的机会。我们还将闽南的博饼文化融入其中，每逢中秋佳节，校友会都会自发聚集在一起举行博饼活动。随着中国校友会逐渐壮大，成为全校有影响力的组织，我也有幸成为 SMU 校友总会的理事，为全校校友服务。回国之后，有幸在厦大天津校友会继续服务。

虽然毕业多年，但我和公司的校友始终保持着与母校和母院的联系。本着"勿以善小而不为"的态度，我们与母院在招聘、培训、产学研等方面保持着密切合作。在疫情来临之时，我们也做一些力所能及的事情，希望母院的师生可以共同度过疫情初期的难关。我们始终坚持，哪怕贡献的力量有限也要尽己所能、全力以赴。我们能够坚持下来，靠的就是前人精神与身边资源的支持，我也决定将校友会做好做大，将"积极、包容、团结"的厦大人精神传承下去。我相信，当一个人充分感受到"被给予"带来的温暖，也会产生与爱同行的力量。

身为厦大经济学科的一分子，母院永远是我温暖的怀抱、避风的港湾。在厦大经济学科新百年暨经济学院成立40周年之际，祝愿厦大经济学科年年桃李，岁岁芬芳；鹏程万里，更创辉煌！

忆·惜·传

◎ 袁国龙

男，厦门大学经济学院经济研究
所2011级博士研究生。现为贵
阳学院经济管理学院副教授。

又到一年毕业季，厦大的凤凰花应该开满整个校园了吧。每到这个时候，我的思绪就又回到了厦大，回到了自己在厦大学习和生活的场景。都说人的一生由很多片段组成，有些片段在头脑中转瞬即逝，而有些则会在头脑中留下深刻的印记。虽已毕业多年，但在厦大的求学经历仍记忆犹新，每每想起，倍感振奋。读博三年，对于一个人漫长的一生来说很短暂，是很小的一个片段，但对我来说却弥足珍贵，是我人生中浓重的一笔。正是这三年的学习锻造，提升了我的学科认知，改变了我的思维方式，甚至改变了我的人生轨迹。

昨日如今日，恩师的谆谆教诲历历在目。恩师林金忠教授学识渊博，授课风趣幽默，每次上课我都会坐在第一排，认真做好笔记。课后与恩师深入交流，恩师也会耐心给予指导。从恩师身上，我感受到治学严谨、宽于待人的学风，更对以后我的职业选择产生影响。对于我发给恩师的每一篇论文，恩师都会逐句批阅，并认真解答我论文写作过程中存在的问题。从恩师身上，我看到了学者的风范，更学会了老师应如何对待自己的学生。现在的我也已成为一名光荣的人民教师，而恩师的教诲我一刻也不曾忘记。

在厦大学习过程中，我还受到其他专家名师的指教。除林老师之外，对我影响最大的就是胡培兆教授。老先生虽已离开我们三年了，但其高尚的学术品格对我的影响历久弥新。每次经过吴老师的办公室，都能看到他在读书、写文章，甚至在节假日也能在办公室看到他的身影。老先生研学的精神深深鼓舞着我：不管课程多难，都要坚持学下去；无论文献再晦涩难懂，也要研究清楚。唯有如此，才能勇攀科研高峰，探索真理奥义。

现在依稀记得老先生给我们上课的情景。他授课不是在教室里，而是在户外，还是一边爬五老峰，一边授课。他将马克思主义政治经济学与中国经济发展深度融合进行讲解，让我们醍醐灌顶，也让我们在享受学术熏陶的同时还锻炼了身体。课程结束后，老先生还带我们去吃福建美食"扁食"，这让我们倍感温暖。后来，老先生还送给我一本他呕心沥血写成的专著《有效供给论》。我读了很多遍，每次都有新收获，但有些地方始终无法领会。直至我国深入推进供给侧改革，我才明白老先生科学研究的前瞻性，才真正体会到老先生的忧国忧民之心。

闲暇之日，我也曾回过母校，每次感觉都不同，又都相同。不同的是重走熟悉的路，回想之前的点点滴滴，认知发生了改变，尤其是随着年龄和阅历的增加，这种变化的认知更加明显。相同的是每次回去都很激动，环绕熟悉的校园，觉得自己未曾离开过。徜徉在海边，我的心情依然是那么平静，这是多么熟悉的感觉。现在想想，在学校读书虽然很短暂，但对我的影响已经深入骨髓。每当遇到工作不顺利、生活不顺心的时候，我都会想起在厦大的美好时光，它给予我前进的动力，增添了我对未来的憧憬。我只要想到"读博那么辛苦都挺过来了，还有什么困难不能克服呢"，就立刻满血复活、斗志昂扬了。

我读博的那几年正逢厦大经济学科改革，经济学科改革给我们最大的感触就是，课程设计越来越多，难度越来越大。我一度感觉跟不上老师授课的节奏，也曾困惑过、迷茫过，不知道自己能否顺利完成学业。后来在林老师的耐心引导以及老师、同学的帮助下，我调整了心态，积极面对；同时，遇到困难我就请教授课老师和同学，努力按时完成作业；再通过广泛涉猎相关专业知识进行拓展阅读。如此一来，我很快适应了授课节奏和内容，并保质保量完成了所有课程的学习。依稀记得"三高"（高级计量经济学、高级微观经济学、高级宏观经济学）学习过程，我们为了抢到一个好位置，可以放弃吃饭时间；但即便如此，仍有高手之高手，等赶到教室的时候，亦是人头攒动，只得艰难挤占一空间落位。彼时，老师在讲台卖力讲授，学生在下面拼命学习。我虽已从教八年，也给学生上了很多课，但却再也没有出现上述令人羡慕的场景。

我们是厦大经济学科改革的亲历者，也是受益者。虽然"三高"学习内容多、强度大，学习起来也非常吃力，但是确实收获满满。经济学"三高"丰富了我的知识储备，提高了我的学习能力，改变了我的研究范式，更是对我的学术研究进行了彻底的改造，使我形成了一个完整的科研体系，指引着我对经济世界形成新认知。经过"三高"的学习，我对论文写作变得驾轻就熟，对于模型设定以及假设检验也比较熟悉，这些都为我后来论文的发表奠定了坚实的基础。

目前，我在西部地区一个省会城市的一所普通本科院校任教，从事着自己向往且喜欢的工作。厦大经济学科对我的培养不仅影响了我以后的科学研究方向，更教会了我作为一名人民教师如何为人师表。我谨记厦大老师对我的教诲，严格要求自己，尤其在对待学生态度方面，我不仅记得"教不严、师之惰"，而且始终秉承宽于待人的人生信条。我始终认为，作为一名合格的教师，不仅要"传道授业解惑"，更要帮助学生全面进步，让学生成为一个有思想、对社会有贡献的综合性人才。

随着我所任教高校办学水平的不断提高，学校也要开始招收硕士研究生，我因此也成为一名硕士生导师，对于学生的培养方向也随之发生了改变。未来，我将谨记母校"自强不息、止于至善"的校训，严格要求自己，在新的人生征程中不断提升自己，将自己与国家的发展、社会的进步紧密结合起来，为国家、社会贡献自己的全部力量，无愧于国家的培养和厦大的恩泽。

梦想启航的地方

我在厦大求学的七年

◎ 庄雅娟

女，厦门大学经济学院经济学系经济学专业2012级本科生，经济学系2016级硕士研究生。现供职于国家统计局国民经济综合统计司。

我是2012年秋季入学的，经历了从本科生到研究生的身份转变，其间有过迷茫，但我仍不后悔当年选择了厦大。因为正是在这里，我遇见了诲人不倦的恩师和积极向上的同窗，磨炼了至今仍然受益的专业能力和意志品质。

　　一群热情上进的同窗是厦门大学经济学院赠予我的第一笔财富。初入厦门大学经济学院，便迎来了学生会纳新。彼时的我囿于自我圈定的牢笼，认定自己性格内向不适合加入学生会，直接放弃了尝试。不过，在舍友的鼓励带动下，我终于小心翼翼地参加了部门面试并成为组织部的一员。现在想来，成语"近朱者赤"，正此谓也。一年后，我毅然选择参与了组织部的干部培训班，并有幸晋升为副部长，尝试着承担更多的责任。从组织学生会纳新，到组织新成员培训，再到开展部门中期考核工作，我从零开始协助部长完善组织部相关制度安排，做好各项规定工作。过程中自然存在许多不足，但所幸在部长和部员们的全力帮助和配合下，我顺利完成了各项工作。这段宝贵的经历成为日后我承担许多工作的勇气来源，而这一群同窗好友则是我人生中收获的第一笔财富。

　　与许多人相比，本科时期的我并不出色，认真学习和一份还算漂亮的成绩单大概是最大的优点。但厦大确实为学生提供了丰富的综合能力锻炼机会，建模大赛、征文比赛、辩论大赛等，甚至连体育选修课都显得与众不同，且不说那些篮球队、足球队、棒球队活动，爬树课、帆船课、高尔夫球课如今也是厦大学子在外的趣味谈资。回到我自己，细想来，为数不多的课余活动成绩竟还是要感激同窗的带动。大三时，好友许凌拉着我组队参与由厦门大学经济学院团委主办、厦门大学国家经济学基础人才培养基地《学经济》编委会承办的"经济之星"大赛，一开始只是因为盛情难却，后来却乐在其中。比赛分为对新闻热点进行趣味化演绎与分析的"新闻评述"环节以及关于构建中国高校排名指标体系并展开应用分析的"论文展示与答辩"环节。为此，我们做了许多有趣的尝试，为演绎好新闻热点，我们特地联系了新闻传播专业的朋友，模拟比赛时与观众互动的场景；为科学构建排名指标体系，我们还请教了许多原本并不熟悉的统计学专业教授，大胆地进行了统计方法的改进。那段时间，学校教室、食堂、院内咖啡厅、林荫小道，都成为我和队友激烈讨论的场所，用"热情似火"来形容那时的状态似乎也不为过。那些时光我直到现在想起来还是会忍不住嘴角上扬，也很遗憾本科阶段没有参与更多的团队竞赛活动。

如果说本科专业的选择对我来说是一次冲动，那么研究生专业则是我经过多番考量的决定。本科时我选择了经济学专业，但直到入学前，我对经济学的认识还仅限于高中政治课上关于"经济生活"的一些描述以及在供给需求问题上曾有的一些粗浅探索。也许当时是因为所谓的"经济热"，我在高考志愿填报时才选择了这个热门专业。但四年的学习使我对经济学的认识逐渐清晰，也感受到了它的魅力。如今再说起经济学，我更愿意感叹它为人们提供的思维范式。理性人假设和利益最大化追求也许不是人们在这个复杂社会中的行为真谛，但了解它、学习它往往能让人避免走向最坏的结果，这是一种非常难得的保障。经济学派多而复杂，如在政府干预、经济波动根源等问题上存在着许多争议。经济学与其他专业也存在着各种联系和分歧，如关于理性人和社会人的争辩、关于利己和利他的讨论已经持续了数百年甚至上千年。这些问题也许本就没有结论，也没有绝对的真理，但在辩证思维中，我们看待经济社会甚至人性的立场和眼光得到了丰富，这些都值得我们深入学习和探究。

因为经济学这份魅力，我选择继续在经济学领域攻读硕士研究生学位，具体专业的选择则更多来自恩师的引导。大三时，我修读了"人事管理经济学"，授课老师是张兴祥老师，也是我研究生阶段的导师。张老师的精彩讲解以及生动有趣的企业情景再现案例解读让我对企业管理中的经济，或者说人际关系中的经济，产生了新的兴趣。进一步，同样是张老师开设的"现代劳动经济学"课程，让我关注起了劳动力市场参与者的决策行为以及就业报酬等相关政策实施的研究，这也为我后来的硕士毕业论文《子女健康及参保状况对父母劳动力供给行为的影响》打下了基础。最终，在各方权衡考虑下，我选择了厦门大学经济学院经济学系管理经济学专业，从市场经济中公共机构和企业经营管理等方面加深对经济学的学习和理解。值得一提的是，我的硕士毕业论文荣获2019年福建省优秀学术硕士学位论文；并且在张老师和学长史九领博士的深耕细作下，论文有了很大的提升，并于《经济学动态》2022年第3期刊出，这也是我在《经济学动态》刊发的第二篇合作论文。

对厦大研究生而言，"八高"一定在其学习生涯中留下了浓墨重彩的一笔。2016年，我的研究生生涯开始，"八高"如期而至。曾经望而却步的全英文教学，曾经费心苦思的博弈论，曾经感慨高深难懂的计量经济学，转眼间成为人生的一部分。"八高"对我而言并不简单，学习过程很艰苦，却很值得细细回味。研究生一年级是被"八高"追赶的一年，和同学一起就一般均衡理论展开激烈讨论，和组员一起在机房研究MATLAB并进行反事实分析，和舍友挑灯学习各种机制设计并推导各种理论模型，都成为曾经努力挑战自我的难忘印记。学习"八高"是一场修行，既考验我们的学术能力、逻辑思维能力、时间管理能力，也磨砺了我们迎难而上、不放弃、不气馁的心性。

毕业后每每向人介绍母校，常被人调侃一句"最像人民公园的大学"，但若有人就势吐槽，我定是不服的。厦门大学，不仅是依山傍水、环境优美之仙境，更是学术严谨、学风优良的"南方之强"。如今想起"八高"，记得当时学习的"苦"，却也成就了今日回味的"甜"。也曾羡慕过其他学校研究生学业的轻松，也曾担忧过学术研究多、实习经验少的研究生生涯会削弱就业优势，但今天，在工作岗位上再回味，方知当日专心学业、真真切切深入研究的可贵。

对于我的研究生生涯而言，不能不提的还有我的导师张兴祥老师。研究生三年间，从专业指导，到文字功底磨练，再到生活工作疑惑，张老师都倾之所能给予我许多引导和帮助，就像他曾经毫不犹豫地跳下芙蓉湖救起失足落水的孩子那样。我想立德树人、教书育人的理念已经在他的内心根深蒂固并不自觉地外化于行了。即使如今毕业已三年有余，我在工作岗位上也常常收到张老师的关心和教导。在校期间，张老师带领我参与了马工程暨国家社科基金重大项目"中国特色社会主义政治经济学研究"课题、国家社会科学基金特别委托项目"中国梦"课题和厦门市社会科学调研重点项目"分级诊疗"课题等专项研究，参与撰写了专著《中国特色社会主义法治经济建设》（经济科学出版社2017年出版）其中的两章，与导师合作的论文也刊发在《经济学动态》《人文杂志》等学术期刊上，并作为核心成员荣获厦门市社科优秀成果二等奖，这些都是研究生阶段取得的"战绩"。这些经历不但极大地锻炼和提升了我的研究能力，也使我的研究生生涯有了一些值得回味的成就。如今在工作中，我们常有经济形势分析、专项课题研究和政治理论学习等要求，而当日张老师的督促和教导也成为今日工作的极大助力。

毕业之际，张老师特地以《十律·己亥毕业典礼送王佩如庄雅娟二生》为题，为我们两名同师门的硕士毕业生赋诗一首：

> 三载弦歌日月更，芳辰不负马蹄轻。
> 凤凰花雨何时湿，庠序灯宵几处明？
> 历暑经寒春已逝，正冠拨穗学初成。
> 南强此去征帆远，破浪乘风万里行。

厦大求学七载，历历在目，寸寸在心，这里成为我梦想启航的地方，师长的谆谆教诲、同窗的热心帮助使如今的我能够满载收获，其中感激不能言尽。最后，唯愿母校积百年之底蕴，谱"求是"之新章，成南方之巨柱！愿更多厦大经济学子自强不息、止于至善，致知于无央、充爱于无疆！

庄雅娟（右）与导师张兴祥（中）、同师门毕业生王佩如合影（作者供图）